T0194722

Udo Bub | Klaus-Dieter Wolfenstetter (Hrsg.)

Sicherheit und Vertrauen in der mobilen
Informations- und Kommunikationstechnologie

Udo Bub | Klaus-Dieter Wolfenstetter (Hrsg.)

Sicherheit und Vertrauen in der mobilen Informations- und Kommunikationstechnologie

Tagungsband zur EICT-Konferenz IT-Sicherheit

Mit 121 Abbildungen

PRAXIS

VIEWEG+
TEUBNER

Bibliografische Information der Deutschen Nationalbibliothek
Die Deutsche Nationalbibliothek verzeichnet diese Publikation in der
Deutschen Nationalbibliografie; detaillierte bibliografische Daten sind im Internet über
<http://dnb.d-nb.de> abrufbar.

Das in diesem Werk enthaltene Programm-Material ist mit keiner Verpflichtung oder Garantie irgendeiner Art verbunden. Der Autor übernimmt infolgedessen keine Verantwortung und wird keine daraus folgende oder sonstige Haftung übernehmen, die auf irgendeine Art aus der Benutzung dieses Programm-Materials oder Teilen davon entsteht.

Höchste inhaltliche und technische Qualität unserer Produkte ist unser Ziel. Bei der Produktion und Auslieferung unserer Bücher wollen wir die Umwelt schonen: Dieses Buch ist auf säurefreiem und chlorfrei gebleichtem Papier gedruckt. Die Einschweißfolie besteht aus Polyäthylen und damit aus organischen Grundstoffen, die weder bei der Herstellung noch bei der Verbrennung Schadstoffe freisetzen.

1. Auflage 2009

Alle Rechte vorbehalten
© Vieweg+Teubner | GWV Fachverlage GmbH, Wiesbaden 2009

Lektorat: Sybille Thelen | Walburga Himmel

Vieweg+Teubner ist Teil der Fachverlagsgruppe Springer Science+Business Media.
www.viewegteubner.de

Umschlaggestaltung: KünkelLopka Medienentwicklung, Heidelberg
Druck und buchbinderische Verarbeitung: Krips b.v., Meppel
Gedruckt auf säurefreiem und chlorfrei gebleichtem Papier.
Printed in the Netherlands

ISBN 978-3-8348-0817-2

Vorwort

Udo Bub, Klaus-Dieter Wolfenstetter

Angesichts der Dynamik des technologischen Wandels und der umfassenden Verbreitung der Informations- und Kommunikationstechnologien (IKT) haben Unternehmen, Privatpersonen und öffentliche Hand einen wachsenden Bedarf an Datenschutz und Sicherheit im Netz. Dabei stehen Industrie, Forschung und Politik – je nach Aufgabenstellung – vor zwei Herausforderungen: Einerseits verlangen innovative Anwendungen, die durch zunehmende Mobilität geprägt sind, angemessene Sicherheitslösungen und einen ausgewogenen Datenschutz, andererseits müssen auch bereits bestehende Anwendungen immer wieder auf ihre Sicherheit hin überprüft und weiterentwickelt werden.

Eine kritische Auseinandersetzung mit den technischen und rechtlichen Rahmenbedingungen sowie mit den wirtschaftlichen Erfolgsfaktoren solcher Sicherheitslösungen gab es am 10. November 2008 in Berlin: die Konferenz „IT-Sicherheit – Sicherheit und Vertrauen für mobile IKT". Ausgerichtet hat die Konferenz das European Center for Information and Communication Technologies – EICT GmbH. Mehr als neunzig eingeladene Gäste nahmen aktiv und engagiert an der Veranstaltung teil, wie die im Tagungsband wiedergegebenen zahlreichen Fragen und Kommentare eindrucksvoll belegen.

Wir hatten uns das Ziel gesetzt, die herausragenden Trends der IKT mit neuen Sicherheitstechnologien abzugleichen und von kompetenten Vertretern aus Forschung, Industrie und Politik diskutieren zu lassen. Es ist uns gelungen, hochrangige Referenten und Meinungsführer zu gewinnen, die in ihren Vorträgen folgende Themenbereiche präsentierten:

- – Innovation und Sicherheit,
- – Sicherheit in Web-Anwendungen und
- – sichere Automotive-Anwendungen.

Die gemeinsame Podiumsdiskussion mit dem Titel „Innovationsmotor Sicherheit – Sicherheit für Innovationen" rundete die Konferenz ab. Die Vortragsthemen sind rundweg hochaktuell und werden dies auch über die nächsten Jahre hinaus bleiben. So befand sich zum Zeitpunkt der Konferenz das Gesetz zum elektronischen Personalausweis gerade im Gesetzgebungsverfahren. Im Dezember 2008 beschloss der Bundestag das Gesetz. Im Februar 2009 hat der Bundesrat grünes Licht gegeben, so dass die Bundesbürger künftig mit den vorliegenden Themen fast täglich konfrontiert werden.

In seinem Grußwort führte *Professor Dr. Stefan Jähnichen* in das Thema Sicherheit und Innovation ein. *Dr. Volkmar Dietz* hielt anschließend einen Vortrag zum Thema „Forschung für IKT-Sicherheit". Darin erläuterte er deren Notwendigkeit und das Interesse des Bundes an der Sicherheitsforschung im IKT-Bereich.

Im ersten Konferenzteil gab *Dr. Friedrich Tönsing* mit seinem Vortrag „Entwicklungen im Sicherheitsmarkt" einen Überblick über den aktuellen Stand. Daraus leitete er für die Branchen Maschinenbau, Automobilindustrie und Telekommunikation die industriespezifischen Herausforderungen an die IT-Sicherheit ab. Als nächstes gab *Professorin Dr. Claudia Eckert* einen Überblick über Trends, Herausforderungen und Lösungsansätze, aber auch über offene Fragen der IT-Sicherheit. Den ersten Teil rundete *Bernd Kowalski* mit einem Vortrag über Elektronische Citizen Cards in Deutschland und Europa ab. Er zeigte darin unter anderem auf, dass mit dem elektronischen Personalausweis – als Teil der eCard-Strategie der Bundesregierung – die Sicherheit des Bürgers bei der Nutzung von Internet-Anwendungen gestärkt wird.

Der zweite Teil beschäftigte sich mit dem Thema „Sicherheit in Web-Anwendungen". *Thomas Löer* setzte sich in seinem Vortrag mit sicheren Identitäten in den digitalen Welten des Internets auseinander und beschrieb die Bedrohungen, die davon ausgehen. Er zeigte aber auch Lösungsperspektiven durch neue Technologien auf. *Professor Dr. Joachim Posegga* zeichnete in seinem Beitrag die inhärenten Hauptprobleme der Anwendungssicherheit im Web 2.0 nach, wobei auch die Grenzen möglicher Sicherheitslösungen sichtbar wurden. *Dr. Alexander Dix* ging in seinem Vortrag der Frage nach, welche neuen Anforderungen an den Datenschutz vor dem Hintergrund der rasanten technologischen Entwicklung hin zu „Ambient Intelligence", also die allgegenwärtige Informationstechnik, gestellt werden.

Das dritte Thema der Konferenz IT-Sicherheit stand unter dem Titel „Sichere Automotive-Anwendungen". *Dr. Walter Franz* sprach zum Thema „Fahrzeugsicherheit: Herausforderungen und Lösungen" Darin beschrieb er Bedrohungsszenarien und traditionelle Ansätze für die Fahrzeugsicherheit und zeigte Methoden aus der IT-Welt auf, die für Fahrzeuge adaptiert werden können. *Dr. Jan Pelzl* behandelte mit seinem Vortrag „IT-Sicherheit im Automobil" den gleichen Themenkomplex. Er zeigte anhand von Beispielen auf, warum IT-Sicherheit im Fahrzeug benötigt wird, welche Angriffspotenziale bestehen und welche Lösungsansätze die IT-Sicherheit bietet. Anschließend ging er der Frage nach, welchen Herausforderungen die eingebettete IT-Sicherheit im Automobil gegenüber steht und welche Anwendungen mit Sicherheitsbedarf es zukünftig geben wird. Diese Themen fanden bei den Teilnehmern besonderes Interesse, so dass die beiden Redner anschließend viele Fragen beantworten durften.

Den Abschluss der Veranstaltung bildete die Podiumsdiskussion mit dem Titel „Innovationsmotor Sicherheit – Sicherheit für Innovationen". Hierfür konnten zusätzlich als Podiumsteilnehmer *Professor Dr. Sahin Albayrak* und *Professor Dr.*

Radu Popescu-Zeletin gewonnen werden. In die Podiumsdiskussion waren die Konferenzteilnehmer einbezogen. Die Fragen der Teilnehmer drehten sich oft um die praktische Umsetzung des elektronischen Personalausweises und dem damit verbundenen Datenschutz. Demzufolge wurden besonders viele Fragen an *Thomas Löer*, *Bernd Kowalski* und *Dr. Alexander Dix* gerichtet.

Aufgelockert wurde die Konferenz durch Filmeinspielungen und ausreichende Kommunikationspausen, die bis in die Abendstunden dauerten.

Der Abdruck der Rede- und Diskussionsbeiträge in diesem Tagungsband soll ein lebendiges und authentisches Bild der Veranstaltung vermitteln.

Die Herausgeber bedanken sich bei allen Mitstreitern der Konferenz, den interessierten und engagierten Teilnehmern, dem Organisations- und Programmteam vom EICT und besonders bei Herrn Mario Druse, der mit großer Umsicht und Geduld die Veranstaltung vor- und nachbereitet und zu ihrem Gelingen maßgeblich beigetragen hat.

Inhaltsverzeichnis

Teil II: Sicherheit in Web-Anwendungen

Teil III: Sichere Automotive-Anwendungen

Teil IV: Podiumsdiskussion

1 Einleitung

Udo Bub

Sehr geehrte Damen und Herren, verehrte Gäste, herzlich willkommen zur EICT-Konferenz „IT-Sicherheit – Sicherheit und Vertrauen für mobile IKT".

Datenschutz und Datensicherheit sind und bleiben wichtige Themen für die Entwicklung der Informations- und Kommunikationstechnologien. Die Veränderungen und Ereignisse allein im auslaufenden Jahr 2008 belegen dies deutlich.

Bevor wir näher auf diese Entwicklungen eingehen, möchte ich Ihnen noch etwas Organisatorisches mitteilen: Wir schneiden die Rede- und Diskussionsbeiträge mit. Aus den Aufnahmen und den Folien der Referenten erstellen wir einen Konferenzbericht. Die Aufnahmen werden wir ausschließlich für die Transkription des gesprochenen Wortes und die Erstellung dieser „Post-Proceedings" verwenden.

Zunächst möchte ich Ihnen das EICT vorstellen, das 2006 gegründet wurde, um neue Wege im Management von Forschung und Entwicklung gemäß dem Paradigma der „Open Innovation" zu gestalten.

EICT und Offene Innovation

Ausgangspunkt für das EICT war und ist die beispiellose Dynamik der Informations- und Kommunikationstechnologien (IKT), die der zunehmende Wettbewerbsdruck und der technologische Wandel erzeugen. Der Lebenszyklus von IKT-Produkten verkürzt sich rasant. So generieren führende Technologiefirmen inzwischen fast fünfzig Prozent ihrer Umsätze mit Produkten, die jünger als zwei Jahre sind. Die Konvergenz von IT mit der klassischen Telekommunikation führt dazu, dass ein großer Anteil künftiger Anwendungen webbasiert sein wird. Diese Anwendungen werden zunehmend über mobile Endgeräte aufgerufen. Das Internet Protocol (IP) hält nun auch Einzug in die Mobilfunknetze. Diese technologische Offenheit und Vereinfachung führt zu einem enormen Anstieg der Entwicklungs- und Innovationsressourcen sowie der Anzahl der Innovatoren weltweit.

Vor diesem Hintergrund ist der klassische Innovationsansatz nicht mehr zeitgemäß. Der lautete: „Innovation entsteht bei geschlossenen Türen innerhalb der Firmengrenzen und ist von internen Forschungsergebnissen abgeleitet". Wie der Name schon sagt, bedeutet Offene Innovation etwas anderes. Unternehmen öffnen sich und erweitern ihr Innovationspotenzial, indem sie aktiv Forschungs- und Entwicklungserkenntnisse von außerhalb strategisch für sich nutzen.

Um dies umzusetzen, benötigen sie einen organisatorischen Rahmen um die angesprochenen offenen Prozesse herum, sowie neue Methoden und Werkzeuge. Welche organisatorischen Funktionen und Dienstleistungen die EICT GmbH für diesen Paradigmenwechsel anbietet, zeigt diese Folie (Bild 1).

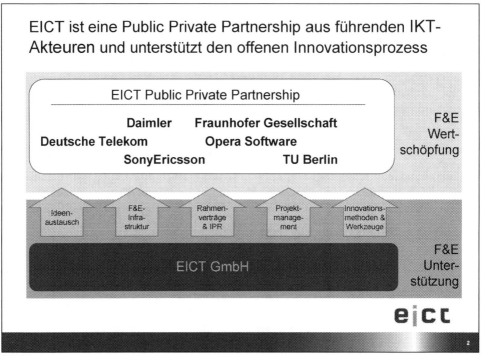

Bild 1

Im Gesellschafterkreis der EICT GmbH sind öffentliche Institutionen und Unternehmen der Privatwirtschaft vertreten, eine Public Private Partnership also. Wir haben die Daimler AG und die Deutsche Telekom AG als Gesellschafter aus dem privatwirtschaftlichen Bereich. Die öffentlichen Eigentümer sind die Fraunhofer-Gesellschaft und die Technische Universität Berlin. Die Zusammenarbeit wird gefördert über ein Partnerprogramm, dem alle genannten Gesellschafter bereits beigetreten sind; ebenso der norwegische Browserhersteller Opera Software und Sony Ericsson Mobile Communications, der bekannte internationale Endgerätehersteller.

Wichtig ist die Feststellung, dass das EICT nicht selbst Forschung betreibt, die in Konkurrenz zu den Partnerunternehmen steht, also in diesem Sinne auch keine

Sicherheitsforschung. Das EICT wirkt als „Enabler" und „Facilitator" für Innovationen und F&E – die eigentliche F&E-Wertschöpfung leisten die Partner selbst.

Für die Unterstützung von Offener Innovation bietet das EICT im Wesentlichen fünf Kategorien von unterstützenden Dienstleistungen an, die auf der Folie durch fünf Pfeile dargestellt sind. Lassen Sie mich diese Punkte näher vorstellen:

– Zum ersten Punkt „Ideenaustausch": Zunächst regt das EICT den fachlichen Austausch von Partnern an und moderiert deren Innovationsimpulse, die sich entlang einer Wertschöpfungskette komplementär ergänzen. Dazu bietet es unterstützende Dienstleistungen an. Das können Scouting-Aktivitäten sein, aber auch informelle und formelle Events. Wir befinden uns inmitten einer dieser Dienstleistungen, denn diese Konferenz ist auch ein Teil davon. Wir wollen die wichtigen Stakeholder zu bestimmten Themen zusammenbringen und so ein soziales Netzwerk schaffen. Ideenaustausch über das EICT bietet aber noch mehr Möglichkeiten, z.B. Ausschreibungsprozesse über das EICT-Portal. So hat die Deutsche Telekom AG im vergangenen Jahr einen Ideenwettbewerb unter den EICT-Partnern zu Web X.0 ausgeschrieben. Dadurch sind mehrere größere industriefinanzierte F&E-Projekte angestoßen worden.
Diese kleineren, informellen Events sind sehr wichtig, denn das soziale Netzwerk ist entscheidend für Offene Innovation. Dies zeigen Studien über erfolgreiche Regionen wie dem Silicon Valley oder in Asien.
– Der zweite Punkt spricht das Pooling von Forschungsinfrastruktur an. Es gibt Bestrebungen, dass Forschungspartner ihre Testlaboratorien anderen zugänglich machen. Stellen Sie sich vor, ein Telekommunikationsoperator öffnet künftig sein LTE-Testlabor (Long Term Evolution) oder seine bereits aufgebaute 3G-Testinfrastruktur Dritten, um gemeinsam mit ihnen Applikationen zu entwickeln. Viel Kreativpotenzial kann freigesetzt werden, wenn Studenten und kleinere Firmen Zugang zu Hardware erhalten, die für sie vorher außer Reichweite war. Man kann hier durch Multiplikatoreffekte sicherlich sehr viel bewirken. Und auch auf diesem Feld ist das EICT tätig. Auf dem Dritten Nationalen IT-Gipfel, der ja in zwei Wochen in Darmstadt stattfindet, wird die Beta-Plattform[1] vorgestellt werden, auf der das EICT Konzepte und Hardware für die Zusammenschaltung von Testlaboratorien vorstellt.
– Dann, in der Mitte der Folie, der dritte Punkt „Rahmenverträge". Das vertragliche Rahmenwerk, insbesondere für Konsortialprojekte mit IPR-Regelungen, ist besonders wichtig, wenn man gemeinsam nach dem Paradigma der Offenen Innovation arbeitet. Offene Innovation bedeutet ja nicht, dass automatisch alle Ergebnisse Public Domain sind. Der Regelfall ist eher, dass die Rechte an gemeinsam erarbeiteten Ergebnissen sinnvoll geteilt

---

[1] http://www.beta-plattform.de

werden. Insofern sind Rahmenverträge und Model Contracts sehr wichtig, um Ergebnisse schnell umsetzen zu können. Stehen die Rahmenverträge, können Abrufverträge zwischen den Parteien auf der Grundlage der vereinbarten Regeln zügig verhandelt werden.

Gerade dann, wenn man eine Kooperation mit einer guten Idee schnell starten möchte und man dann nicht noch – wie so oft – ein Jahr lang Konsortialvertragsverhandlungen vor sich haben möchte, sind diese Rahmenverträge sehr sinnvoll. Insofern ist es sehr gut, dafür eine gemeinsame Grundlage zu haben. Diese Grundlage wird das EICT schaffen.

- Die vierte Säule, die Sie sehen, ist das Projektmanagement. Das Projektmanagement ist die Leistung, die zurzeit beim EICT am meisten abgefragt wird. Für die Anbahnung und Durchführung von Konsortialprojekten ist gerade im Projektmanagement eine neutrale Basis, wie sie das EICT anbietet, vorteilhaft. Bei mehreren gleichberechtigten Partnerunternehmen ist es oft besser, wenn keines der Unternehmen selbst den Lead hat, sondern diesen an eine kompetente Trusted Third Party wie das EICT abgibt. Dies gilt gleichermaßen für öffentlich geförderte Projekte, wo das EICT viel Prozess-Know-how einbringt, wie auch für ausschließlich von der Industrie finanzierte Projekte.

- Und, ganz wichtig, der fünfte Punkt: Gemeinsame Innovationsmethoden und -werkzeuge sind Angebote, die das EICT stark ausbauen wird. Gerade dann, wenn man über Firmengrenzen hinweg innovieren möchte, braucht man gemeinsame Road-Mapping-Methoden, Szenario-Analysen, Scouting-Methoden – Innovationsmethoden eben – und genau hier wirkt das EICT, indem wir dafür den neuesten Stand auch aus den Universitäten als Dienstleistung mit einbringen.

Soviel zum EICT. Das EICT versteht sich also als „Enabler" und „Facilitator" und übernimmt heute die Rolle des Moderators. So schafft es den Rahmen für Offene Innovation in Konsortialprojekten.

Sicherheit

Nun komme ich zum Thema Sicherheit. Ich hatte schon von der Dynamik der IKT gesprochen, die auch den Sicherheitsmarkt maßgeblich beeinflusst. Mit Web 2.0, Web X.0 und dem mobilen Internet kommen neue Trends auf uns zu, die neue Sicherheitslösungen verlangen. Da ist es natürlich wichtig, mit Sicherheitsforschung und Innovation für Sicherheit genau dort anzusetzen und die genannten Trends zu unterstützen. Dafür ist es notwendig, das bestehende Know-how und Innovationen in neue Applikationen einfließen zu lassen. Man darf umgekehrt auch feststellen, dass die neuen Sicherheitsparadigmen die Möglichkeit neuer Geschäftsmodelle und noch zu hebender Effizienzpotenziale bieten, und das ist die schöne Seite an der ganzen Sache.

All dies ist Gegenstand unserer Konferenz und ich freue mich darauf, die Meinungsführer aus Deutschland als Referenten und Teilnehmer an der heutigen Diskussion bei uns zu haben.

Ich möchte den Spannungsbogen bereits öffnen, indem ich Ihnen erste Ergebnisse einer Studie über die „Zukunft und Zukunftsfähigkeit der deutschen Informations- und Kommunikationstechnologie" vorstelle. Die Studie wird vom Münchner Kreis, der Deutschen Telekom, dem EICT und von TNS Infratest durchgeführt und ab Ende des Jahres 2008 herausgegeben. Für diese Studie wurden 538 Experten in Deutschland nach ihrer Einschätzung der Entwicklung der IKT in Deutschland befragt[2]. Das ist keine Studie, die dediziert auf den Sicherheitsmarkt abzielt, aber zwei Folien möchte ich hier schon einmal zur Anmoderation verwenden.

Folgende Frage wurde den Experten gestellt: Wer soll personenbezogene Daten schützen? Die Antwort der Experten ist dieser Folie zu entnehmen (Bild 2): Als wichtigster Datenschützer wurde der einzelne Bürger genannt, der selbst für den Schutz von personenbezogenen Daten zuständig sein soll. An zweiter Stelle wird der Staat als zuständig für den Schutz personenbezogener Daten gesehen. Erst danach werden Wirtschaftsunternehmen in dieser Funktion gefordert. Diese drei Player sind aus Sicht des Expertenkreises die wichtigsten Sicherheitsakteure.

Meine Damen und Herren, ich möchte diese Aussagen nicht weiter kommentieren, sondern zunächst nur die empirischen Ergebnisse vermitteln. Vertreter aller drei angesprochenen Personenkreise sind heute anwesend: Jeder von uns ist Bürger und Teil der Bevölkerung und darf sich als Individuum bei „jeder Einzelne selbst" angesprochen fühlen. Wir haben aber auch Vertreter von Staat und öffentlicher Hand hier bei uns und natürlich auch zahlreiche Vertreter von Wirtschaftsunternehmen.

---

[2] Die Befragung wurde im September 2008 über Online-Interviews durchgeführt. Die Arbeitsschwerpunkte dieser Experten waren: Informationstechnologie (IT), Telekommunikation (TK), Unterhaltungselektronik, klassische und neue Medien. Die Befragten kamen zu 62% aus privatwirtschaftlichen Unternehmen, zu 31% aus der Wissenschaft und Forschung an Hochschulen und zu 7% aus Behörden, Ministerien und öffentlichen Einrichtungen. Die Vertreter der Privatwirtschaft stammten zu 50% aus der IT- oder TK-Branche und zu 50% aus anderen Branchen wie Elektro, verarbeitendem Gewerbe, Handel, Beratung und Dienstleistung.

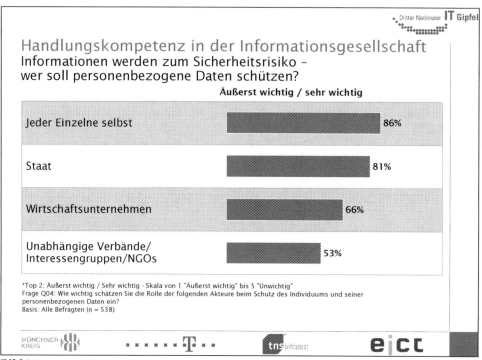

Bild 2

Eine zweite, sehr interessante Einschätzung ist die Expertenmeinung zu den sicherheitsrelevanten Trends bei der künftigen Nutzung von IKT (Bild 3). Wie wird sich der Umgang mit eigenen Daten im Internet verändern? Welche Entwicklungen sind zu erwarten? Fast alle Experten gehen von einer besseren Nachverfolgung digitaler Spuren im Netz aus. Das ist sehr wichtig. Es ist insbesondere auch ein Bildungsthema, wenn man an die jüngere Generation denkt. Man sollte sicherlich früh mit einer Sicherheitsschulung anfangen, denn bereits kleine Kinder stellen Fotos von Partys etc. ins Netz. Auch dieser Teil der Bevölkerung muss rechtzeitig wissen, dass solche Daten vielleicht nie mehr aus dem Netz genommen werden können. Dieser Trend zu einer freizügigen Veröffentlichung von Daten im Internet wird von den Experten als nächste Entwicklung genannt, ebenso die digitale Identität als ein wesentlicher Faktor im Internet. Auch dazu werden wir heute viele interessante Beiträge hören. Als gegenläufiger Trend wird eine zunehmende Pseudonymisierung erwartet. Nur zehn Prozent der Experten aber rechnen mit einem besseren Schutz der Privatsphäre im Netz.

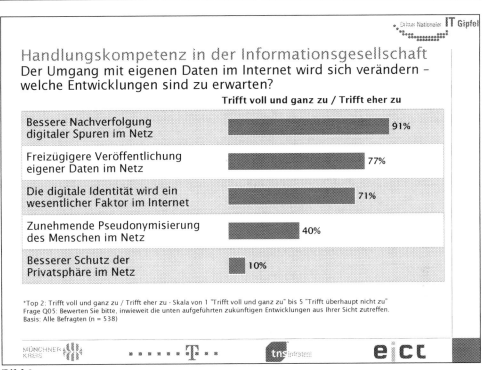

Bild 3

Meine Damen und Herren, wir haben nicht vor, alle Probleme, die zu diesen Aussagen führen, gleich zu Beginn abzuhandeln oder gar heute zu lösen. Vielmehr möchte ich mit meiner Einleitung den Spannungsbogen öffnen und einige Begriffe für die Diskussion einführen. Wer anderer Meinung als die Befragungsteilnehmer ist, möge die Hand heben und mitdiskutieren.

Noch eine abschließende Bemerkung zur zitierten Zukunftsstudie: Sie ist in den IT-Gipfel-Prozess eingebettet und soll über den Dritten Nationalen IT-Gipfel hinaus andauern. Mitte 2009 wird sie mit einer Delphi-Studie mit dem Horizont 2025 abgeschlossen werden. Die Expertenbefragung ist veröffentlicht worden. Sie finden sie auf der EICT-Homepage[3], ebenso wie den sehr lesenswerten 90-seitigen Abschlussbericht der ersten Phase dieser Studie.

Für das Thema Sicherheit ergibt sich durch diese Aussagen natürlich auch Handlungsbedarf, der sich an uns richtet. Deshalb haben wir für diese Konferenz ein – wie ich meine – sehr interessantes Programm zusammengestellt mit Vertretern der

---

[3] http://www.eict.de

öffentlichen Hand, von Wirtschaftsunternehmen, aber auch der Wissenschaft. Dieser Dreiklang wird sich durch die gesamte Veranstaltung ziehen.

Doch bevor es gleich in die drei Tracks geht, also „Innovation und Sicherheit", „Sicherheit in Web-Anwendungen" und „Sichere Automotive-Anwendungen", kommen nun noch zwei außerordentliche Sprecher zu Wort. Zum einem der Präsident der Gesellschaft für Informatik, Professor Stefan Jähnichen, zum anderen Dr. Volkmar Dietz vom Bundesministerium für Bildung und Forschung, der auf die Rolle des Staates bei F&E für IKT-Sicherheit eingehen wird.

Professor Jähnichen ist Präsident der Gesellschaft für Informatik, Leiter des Fraunhofer-Instituts für Rechnerarchitektur und Softwaretechnik FIRST und Aufsichtsrat der EICT GmbH.

Dr. Dietz ist seit elf Jahren beim Bundesministerium für Bildung und Forschung tätig und dort für das Referat für Kommunikationstechnologien zuständig. Er ist gelernter Physiker, und wir freuen uns sehr, dass er nach dem Grußwort von Professor Jähnichen sprechen wird.

Zunächst bitte Professor Jähnichen.

2 Grußwort

Stefan Jähnichen

Vielen Dank für die Einladung zu dieser Konferenz und vielen Dank an Dr. Udo Bub. Meine ersten Grüße richte ich allerdings zunächst als Aufsichtsrat der EICT GmbH an Sie, da ich mich über die Entwicklung der EICT GmbH und über diese von der EICT organisierte Veranstaltung besonders freue. Sie bildet eine Basis für die weitere Kommunikation über ein so wichtiges Thema wie Sicherheit und für die notwendige Beachtung durch Politik und Ministerien.

Und nun spreche ich zu Ihnen als Präsident der Gesellschaft für Informatik. Die anwesenden Mitglieder wissen natürlich bereits, wie aktiv sich die Gesellschaft für Informatik für mehr Informationssicherheit engagiert. Wir haben dazu sehr rege Fachgruppen, die die öffentliche Diskussion mitbestimmen und wie ich denke auch in diesem Thema ein deutliches Wort mitsprechen können.

Ich kann Ihnen zum Beispiel berichten, dass die Gesellschaft für Informatik zurzeit über die Einführung eines neuen Zertifikats zur Computersicherheit diskutiert. Einige von Ihnen werden wissen, dass es in Deutschland, ja in ganz Europa, bereits ein Zertifikat gibt, den Computerführerschein, European Computer Driving Licence ECDL. Inzwischen werden allein in Deutschland ungefähr 25.000 Zertifikate jährlich von der DLGI[1] ausgestellt. Die DLGI ist eine unserer Tochtergesellschaften, Sie führt die entsprechende Zertifikatsprüfung durch und stellt die Zertifikate aus. Sie hat inzwischen Rahmenvereinbarungen mit einigen Ländern abgeschlossen, um dieses Zertifikat auch in den Schulen einzuführen. Und in diesem Rahmen soll ein neues Zertifikat für Computersicherheit ähnlich dem Computerführerschein entwickelt werden. Es soll die Basis für einen sicheren Umgang mit Computern bilden und dem Besitzer eines solchen Zertifikats die Möglichkeit geben, sich für den entsprechenden Umgang mit Würmern, Trojanern oder Firewalls zu qualifizieren.

Und wenn ich mir die Statistiken anschaue, die Udo Bub hier gezeigt hat, führe ich viele Prognosen darauf zurück, dass die Information über das, was Einzelpersonen, Firmen oder Institutionen für mehr Sicherheit machen könnten noch nicht ausreichend bekannt ist. Ich persönlich verstehe nicht, warum unsere Kinder im Umgang mit ihren Daten so freizügig sind und ihre Rechner nur noch als Browser nutzen, so dass sie gar nicht wissen, wo ihre Daten liegen und wer auf sie zugreifen kann. Ich glaube, das zeigt bereits, wie wichtig hier Aufklärung ist.

---

[1]   Dienstleistungsgesellschaft für Informatik mbH

Ich stehe hier auch als ein Institutsleiter der Fraunhofer-Gesellschaft. Die Fraunhofer-Gesellschaft beschäftigt sich mit dem Thema Sicherheit natürlich schon seit langem. Es gibt viele spannende Projekte in der Fraunhofer-Gesellschaft, die sich mit Fragen der Sicherheit beschäftigen und einige von Ihnen haben vielleicht auch schon unseren Film „Schlauer als der Wurm" gesehen, den Nature vor kurzem empfohlen hat. Der Film beschreibt Verfahren zum Intrusion Detection, die wir mit unserer Technologie zur intelligenten Datenanalyse entwickeln.

Außerdem bilde ich als Hochschullehrer hier an der TU Berlin Studentinnen und Studenten für den Bereich Softwaretechnik aus. In dieser Ausbildung haben wir seit zehn Jahren das Thema Sicherheit fest verankert. Wir sensibilisieren die Studenten für das Thema Sicherheit bei der Entwicklung komplexer Systeme, weil wir der Überzeugung sind, dass ohne frühzeitige Überlegungen zur Sicherheit ein Systementwurf nicht gelingen kann. Sicherheit kann nicht nachträglich in ein System einprogrammiert werden. Sicherheit ist eine grundlegende Anforderung, die von Anfang an bei der Systementwicklung komplexer Systeme beachtet und integriert werden muss. Und deshalb spielt Sicherheit auch in der Lehre eine ganz große Rolle, insbesondere mobile IKT können ohne Sicherheit nicht funktionieren.

Wenn Sie sich überlegen, wie viele Zeilen Code heute in einem solchen Handy enthalten sind (na, wie viele ungefähr? "Frage an das Publikum"). Ungefähr eine Million Zeilen Code sind in einem Handy oder PDA programmiert. Sie können sich leicht vorstellen, wie viel Funktionalität damit realisiert wird. Sicherheit spielt an dieser Stelle eine ganz große Rolle und insofern freue ich mich besonders, Sie heute zu diesem Thema begrüßen zu können.

Als Fachkollegiat der DFG[2] kann ich Ihnen schließlich noch mitteilen, dass die DFG im Bereich Grundlagenforschung immer mehr Anträge bekommt, die sich mit dem Thema Sicherheit in der IT beschäftigen. Ich finde das sehr gut, weil wir in der Industrie langfristig nur Erfolg haben werden, wenn wir auch die Grundlagenforschung in der Forschungsförderung entsprechend beachten. Und ich hoffe sehr, dass es demnächst auch ein Schwerpunktprogramm der DFG zur Sicherheit in der IKT geben wird.

Meine Damen und Herren, wir sind heute in sehr illustrer Gesellschaft zusammengekommen und ich freue mich persönlich sehr auf die Beiträge. Ich bin sicher, dass die Informatik auch in Zukunft der Haupttreiber unserer wirtschaftlichen Entwicklung bleibt, dass wir aber auch sehr viel in das Thema Sicherheit investieren müssen, damit wir nicht Technologien entwickeln, die keine Akzeptanz und Verbreitung finden.

Ich wünsche uns allen viele interessante Vorträge und spannende Diskussionen.

---

[2] Deutsche Forschungsgemeinschaft e.V.

3 Forschung für IKT-Sicherheit

Volkmar Dietz

Forschung für IKT-Sicherheit ist heute bereits ein zentrales Thema im Rahmen des BMBF[1]-Programms „Informations- und Kommunikationstechnologien 2020". Das BMBF wird die Aktivitäten künftig noch weiter verstärken. Zum Thema IKT-Sicherheit gibt es darüber hinaus Forschungsprojekte des BMWi[2] auf Bundesebene und der EU-Kommission in den Forschungsrahmenprogrammen auf europäischer Ebene. In meinem Vortrag konzentriere ich mich auf die Maßnahmen des BMBF.

Zunächst ist die Frage zu stellen, warum sich der Staat beim Thema IKT-Sicherheit engagiert, denn die Infrastruktur der Kommunikationsnetze wird von privaten Unternehmen errichtet und betrieben. Der Staat hat aber dennoch unter Vorsorge-aspekten ein erhebliches Interesse an einer sicheren IKT:

---

[1]   Bundesministerium für Bildung und Forschung

[2]   Bundesministerium für Wirtschaft und Technologie

Bundesministerium
für Bildung
und Forschung

Warum muss der Staat beim Thema Sicherheit von IKT agieren?

Vorsorge des Staates:

Gesellschaft und Wirtschaft sind in kritischer Weise von funktionierendem Internet abhängig

Infrastrukturen wie Elektrizitätsnetze oder Straßenverkehr werden zunehmend von IT abhängig.

Grundrecht auf sichere Kommunikation

Wirtschaftliche Bedeutung der IT-Sicherheit, IT-Sicherheit ist ein Markt, bietet Potenzial für Unternehmen.

Bild 1

Die Gesellschaft, insbesondere auch die Wirtschaft als Teilbereich der Gesellschaft, ist von einer funktionierenden Kommunikationsinfrastruktur abhängig. Die Szenarien, die die Konsequenzen eines Ausfalls des Internets auch nur für kurze Zeit für die Volkswirtschaft und für einzelne Betriebe haben, sind bekannt. Auch die anderen kritischen Infrastrukturen in Deutschland über die Kommunikationsnetze hinaus, z.B. die Energienetze und das Straßennetz, sind zunehmend auf eine sicher funktionierende IKT angewiesen.

Betrachtet man das Thema ganz grundsätzlich, ist das Interesse des Staates an einer sicheren Kommunikation insbesondere auf das im Grundgesetz, Artikel 10, verankerte Fernmeldegeheimnis zurückzuführen.

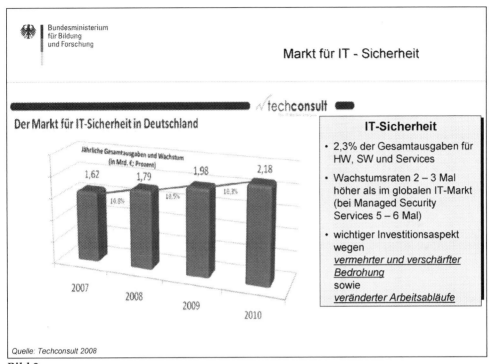

Bild 2

IKT-Sicherheit bietet darüber hinaus aber auch Chancen für innovative Produkte aus Deutschland. Diese wirtschaftliche Bedeutung der IKT-Sicherheit ist ein weiterer Grund für die staatliche Förderung des Themas. Ziel ist letztlich, den Standort Deutschland zu stärken und die Wettbewerbsfähigkeit der Unternehmen zu unterstützen. Ein Blick auf den Markt und die Prognosen für die kommenden Jahre zeigt: In 2008 werden in Deutschland bereits 1,8 Milliarden Euro in IKT-Sicherheit investiert. Man erwartet in diesem Markt jährliche Steigerungen von rund 10%, was deutlich über den gemittelten Steigerungsraten des gesamten IKT-Bereichs liegt.

Das staatliche Engagement für die IKT-Sicherheit ist also unter Aspekten der Vorsorge wohl begründet. Die nächste Frage ist, inwieweit IKT-Sicherheit ein Thema für die Forschungsförderung ist.

Bundesministerium
für Bildung
und Forschung

Notwendigkeit von Forschung im Bereich IKT-Sicherheit

Bedrohungslage ändert sich:

- organisierte Kriminalität
- Spionage auch gegen staatliche Einrichtungen
- Angriffe gegen eingebettete Systeme, Bot-Netze im Internet der Dinge u.a.

Herausforderung durch rasant kurze Innovationszyklen im IKT Bereich:

Folge: Zentrales Forschungsthema ist IKT-Sicherheit!

Bild 3

Kaum ein Bereich ist einem derart schnellen Wandel unterworfen wie IKT. Damit stellen sich auch ständig neue Anforderungen an die IKT-Sicherheit. So hat sich z.B. die Bedrohungslage gewandelt. Ging die Bedrohung vor Jahren noch von einzelnen Hackern aus, hat man es jetzt mit organisierter Kriminalität zu tun. Die schnellen Innovationszyklen im IKT-Bereich und die Kreativität der Kriminellen, Sicherheitslücken zu finden, sind eine ständige Herausforderung an Forschung und Entwicklung.

Ein Beispiel liefert die Entwicklung zum Internet der Dinge: Die wachsende Heterogenität durch eine Vielzahl von Endgeräten im Netz, die mit begrenzten Ressourcen ausgestattet sind und damit begrenzte Möglichkeiten zur Implementierung von IKT-Sicherheit haben, müssen zu neuen Ansätzen in der IKT-Sicherheit führen. Ein anderes Beispiel ist die zunehmende Mobilität der Teilnehmer im Netz. Die flexible mobile Nutzung der Netze erfordert neue Konzepte zur IKT-Sicherheit, die über Firewall-Ansätze für stationäre Netze hinausgehen.

Bundesministerium
für Bildung
und Forschung

Gemeinsame Erklärung BMI und BMBF

BM Schäuble und Schavan haben am 03.11.2008 gemeinsame Erklärung veröffentlicht:

Enge Zusammenarbeit beider Ressorts bei Forschung zur IT-Sicherheit vereinbart

Themen sind:

- Sicherheit von IT-Systemen und durch IT-Systeme (z.B. Schwachstellen und Gefahren neuer Technologien; Entwicklung sicherer Komponenten, Prozesse und Anwendungen)
- Sichere Basistechnologien -und mechanismen (z.B. Kryptographie, sichere Identifikations- und Authentisierungsverfahren auch unter Ressourcenbeschränkung)
- Sicherheit von IKT-Infrastrukturen (z.B. Netzsicherheit, sichere mobile IKT-Plattformen, Abhörsicherheit)
- Schutz vor „Cyberangriffen" (z.B. Frühwarnsysteme; Erkennen von Angriffen, Isolieren der Schadsoftware, Verhindern der Weiterverbreitung)

BMBF und BMI erarbeiten bis Anfang 2009 gemeinsames Arbeitsprogramm!

Bild 4

Forschung für IKT-Sicherheit ist deshalb aus Sicht der Bundesregierung ein Thema mit Priorität. Deshalb haben der Bundesminister des Inneren, Dr. Schäuble und die Bundesministerin für Bildung und Forschung, Dr. Schavan, am 03.11.2008 eine gemeinsame Erklärung veröffentlicht. Beide Ministerien werden bei Forschung zu IKT-Sicherheit sehr eng zusammenzuarbeiten. Auf der Basis der gemeinsamen Erklärung wird nun ein Arbeitsprogramm zusammengestellt, das die Schwerpunkte für künftige Forschungsprojekte enthalten wird. Der inhaltliche Rahmen ist bereits in der gemeinsamen Erklärung abgesteckt. Stichworte zu vier zentralen Themen sind in Bild 4 aufgelistet.

Mit der gemeinsamen Erklärung startet die Bundesregierung aber selbstverständlich nicht bei Null, wenn es um Forschung zu IKT-Sicherheit geht. In der Folge werden einige Beispiele für bereits laufende Forschungsprojekte aufgeführt. Die Beispiele sind nur eine exemplarische Auswahl aus einer Vielzahl weiterer Projekte, deren vollständige Erwähnung den Rahmen dieses Beitrags sprengen würde.

Neben dem BMBF fördert das Bundesministerium für Wirtschaft und Technologie (BMWi) auch zum Thema IKT-Sicherheit. Ein Beispiel ist das Vorhaben „Simobit" (Sichere mobile Informationstechnik in Mittelstand und Verwaltung), das mit

28 Millionen Euro Förderung unterstützt wird und insbesondere Konzepte für sichere mobile IT-Lösungen erforscht.

Im BMBF sind zwei Arbeitseinheiten mit dem Thema IKT-Sicherheit befasst: Das Referat 524 („Software") und das Referat 525 („Kommunikationstechnologien").

Bundesministerium
für Bildung
und Forschung

Bisherige Förderung des BMBF – Verisoft
Ref. Software, 524

Titel:	Durchgängige formale Verifikation der Korrektheit von integrierten Computersystemen
Ziele:	- Entwicklung von Methoden und Werkzeugen für die formale Verifikation
	- Produktivitäts- und Qualitätschub für industrielle Anwendungen
Projektpartner:	Federführer DFKI Saarbrücken; insgesamt 18 Projektpartner aus Unternehmen und Universitäten
Laufzeit:	01.07.2007 – 30.06.2010
Fördermittel:	11,8 Mio. €

Bild 5

Ein Beispiel ist das Verbundprojekt „Verisoft" (Bild 5). Bei Verisoft steht die Frage im Mittelpunkt, ob man formal beweisen kann, dass Software absolut korrekt funktioniert. In Verisoft werden Methoden und Werkzeuge für die formale Verifikation von Software entwickelt.

Bundesministerium
für Bildung
und Forschung

Bisherige Förderung des BMBF – **Remind**
Ref. Software, 524

Titel:	Maschinelles Lernen für Echtzeit-Intrusion-Detection (IDS)
Ziel:	Erforschung und Erprobung intelligenter Lerntechnologien zur Entwicklung der nächsten Generation von Internet-Sicherheitstechnologien - Erkennen und Schutz vor Einbrüchen in Computersysteme - Frühwarnung und Einleitung von Gegenmaßnahmen - Nachweis Anwendbarkeit moderner Lerntechnologien - Beseitigung von Problemen derzeitiger Ansätze (Fehlalarm, unbek. Angr.)
Projektpartner:	Federführer FhG-FIRST Insgesamt 5 Partner aus Unternehmen, Universität und Forschungseinrichtung
Laufzeit:	01.03.2007 – 28.02.2010
Fördermittel:	3,3 Mio. €

Bild 6

Ein anderes Beispiel findet man in dem Projekt „Remind". Im Zentrum von Remind steht das maschinelle Lernen für Echtzeit Intrusion Detection, also Themen wie Frühwarnung und Einleitung von Gegenmaßnahmen, Erkennen von Einbrüchen in Computersysteme, Anomalieerkennung und Vermeidung von Fehlalarmen.

Bundesministerium
für Bildung
und Forschung

Bisherige Förderung des BMBF – ScaleNet
Ref. 525, Kommunikationstechnologien

Titel	Netz der Zukunft – ScaleNet (Scaleable and efficient Network)
Ziel	IP-optimierte Integration heterogener drahtloser und drahtgebundener Netze und ihrer Zugangsverfahren

Teilvorhaben Nokia – Siemens – Networks
  ➢ Konfigurationsregeln und Algorithmen zur Absicherung von Netzen gegen Denial- und Theft-of-Service-Attacken
  ➢ statistische Verfahren zur Intrusion-Detection (Konzept für sichere Firewall)

Partner	Federführer: Ericsson GmbH
	Insgesamt 8 Partner aus Unternehmen, Universität und Forschungseinrichtungen
Laufzeit	01.07.2005 – 31.12.2008

Fördermittel (für Sicherheitsthemen)   ca. 1 Mio. €

Bild 7

Im Bereich der Kommunikationstechnologien wurde das Projekt „ScaleNet" gefördert. ScaleNet beschäftigt sich im Kern mit „Seamless Services", also mit der Konvergenz verschiedener Netze im drahtlosen und drahtgebundenen Bereich. In einer solchen heterogenen Umgebung ist das Thema IKT-Sicherheit eine besondere Herausforderung. Ein Teilprojekt von ScaleNet widmet sich der Sicherheit, insbesondere geht es dort um Denial- und Theft-of-Service-Attacken, um statistische Verfahren zur Intrusion Detection.

	Bisherige Förderung des BMBF
Bundesministerium für Bildung und Forschung	**im Automobilbereich – SIM-TD / NOW** Ref. 525, Kommunikationstechnologien

Titel	SIM-TD (Sichere Intelligente Mobilität – Testfeld Deutschland) NOW (Network on Wheels)
Ziel	Entwicklung einer Plattform zur C2X-Kommunikation auf Basis neuester Technologien zur Adhoc-Vernetzung
Teilvorhaben	FhG SIT und FOKUS (federführend) ➢ Realisierung eines umfassenden Sicherheitskonzeptes für C2X-Kommunikationssystem (Netzwerkprotokolle, Schnittstellen, Datenmanagement, WLAN, Funk, Kommunikationskanäle...) ➢ End-to-end Sicherheit, digitale Signatur, Authentifizierung / Autorisie-rung – Infrastruktur und Automobil, Datenfusion verschiedener Security Sensoren ➢ Methoden zum Schutz der Benutzerdaten (Privacy, Pseudonyme)
Partner	Federführer: Daimler AG Insgesamt 17 Partner (SIM-TD) / 9 (NOW) aus Unternehmen, Universitäten und Forschungseinrichtungen
Laufzeit	01.09.2008 – 31.08.2012 (SIM-TD) / 01.06.2004 – 31.05.2008 (NOW)
Fördermittel (für Sicherheitsthemen)	ca. 2,5 Mio. €

Bild 8

Ein anderes sehr aktuelles Beispiel ist ein Projekt im Bereich der Fahrzeugkommunikation: „SIM-TD" (Sichere Intelligente Mobilität – Testfeld Deutschland). Fahrzeugkommunikation, d.h. der Austausch von Informationen über Funk zwischen Fahrzeugen und zwischen Fahrzeugen und der Verkehrsinfrastruktur, hat vor allem zwei Ziele. Zum einen soll mehr Sicherheit im Verkehr erreicht werden, z.B. indem vorausfahrende Fahrzeuge untereinander Stauwarnungen oder Stauendewarnungen an nachfolgende Fahrzeuge geben. Zum anderen soll das Straßennetz effizienter genutzt werden, z.B. sollen Staus durch exakte Verkehrsmeldungen in Echtzeit vermieden werden. Die Kommunikationstechnologie für diese Anwendungen muss gegen Angriffe von außen sicher sein. Absichtlich erzeugte Fehlmeldungen müssen ausgeschlossen werden. Im Rahmen von SIM-TD wird ein umfassendes Sicherheitskonzept für die Fahrzeugkommunikation entwickelt. SIM-TD startete zum 01.09.2008. SIM-TD baut auf älteren Projekten auf, wie insbesondere NOW (Network on Wheels). In SIM-TD und NOW wurden Sicherheitsthemen mit einer Fördersumme von etwa 2,5 Millionen Euro bearbeitet.

Bundesministerium
für Bildung
und Forschung

Bisherige Förderung des BMBF

BMBF-Fördermittel für Sicherheitsthemen insgesamt 2003 - 2008

Aus dem Bereich Software und Kommunikationstechnologien:

rund 36 Mio. €

Bild 9

Im Bereich der IKT-Sicherheit hat das BMBF insgesamt allein in diesen Projekten eine Fördersumme von rund 36 Millionen Euro investiert.

Bundesministerium
für Bildung
und Forschung

Bisherige Förderung des BMBF –
Sicherheitsforschungsprogramm

Das Sicherheitsforschungsprogramm konzentriert sich **nicht** auf IT-Sicherheit.
Berührungspunkte aber bei den Themen:

Schutz der Verkehrsinfrastrukturen
• Bekanntmachung 6/2007

Schutz und Rettung von Menschen
• Bekanntmachung 10/2007

Schutz von Versorgungsinfrastrukturen
• Bekanntmachung 03/2008

Sicherung der Warenketten
Bekanntmachung 2008

Bild 10

Über die betrachteten Beispiele hinaus darf das Sicherheitsforschungsprogramm
des BMBF in diesem Zusammenhang nicht unerwähnt bleiben. IKT-Sicherheit
steht zwar nicht im Fokus des Sicherheitsforschungsprogramms, spielt aber bei
den in Bild 10 genannten Themen des Programms eine Rolle. Zum Beispiel bei
dem Thema „Schutz und Rettung von Menschen" beschäftigt man sich im Rahmen
des Programms auch mit der Frage, wie im Katastrophenfall schnell ein Kommu-
nikationsnetz aufgebaut werden kann, das auch den IKT-Sicherheitsanforderungen
genügt.

Herausforderungen für die IKT – Sicherheit (1)

Bundesministerium
für Bildung
und Forschung

Netzsicherheit bleibt zentrale Herausforderung

> Mobilität und Vielzahl heterogener Ressourcen (Sensoren, Handhelds, Smart Devices…)
> bringt neue Sicherheitsrisiken.
> Starker Zuwachs an miniaturisierten und ressourcenarmen IKT-Systemen (Internet der Dinge)
> heterogene Netzzugänge – Subnetze nicht separierbar
> strikte Trennung „interner" und „externer" Netze verschwindet
> sichere Dienste in unsicheren Umgebungen (Vertrauenswürdigkeit)
> Anwendungen, Daten und Dienste aus der „Wolke" des Internet:
> „Cloud Services" / Software as a Service (SaaS) nehmen dramatisch zu
> (Wachstumsraten: rd. 25% seit 2007)

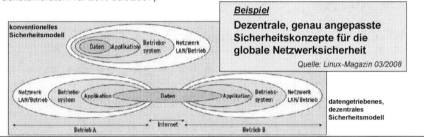

Bild 11

Über die laufende Förderung hinaus bleibt die IKT-Sicherheit auch künftig eine Herausforderung für die Forschung. Ohne den Anspruch auf Vollständigkeit listen Bild 11 – Bild 13 offene Fragen zu dem Thema auf.

Bundesministerium
für Bildung
und Forschung

Herausforderungen für die IKT-Sicherheitsforschung (2)

Sicherheit von IKT-Systemen und IKT-Infrastrukturen

➢ In komplexen Systemen durchgehende Kette verifiziert sicherer IKT-Systeme realisierbar?

➢ Neue Sicherheitsrisiken bei Übergang zu IPv6?

➢ Interoperabilität von Sicherheitskonzepten über Netzbereiche und Betreibergrenzen

➢ Selbstschutz von Netzen: „Self-X"-Eigenschaften (Isolation, Configuration, Healing…)

➢ Sicherheit vs. hohe Verfügbarkeit / geringe Latenzzeit bei kritischen Anwendungen (z. B. Medizintechnik, Industrieautomatisierung)

➢ Systematische Analyse von Schwachstellen in IKT-Systemen (Forensische IT)

Bild 12

Bundesministerium
für Bildung
und Forschung

Herausforderungen für die IKT-Sicherheitsforschung (3)

Sichere Basistechnologien und –mechanismen
- ➢ Digitale Signaturen / Wasserzeichen
- ➢ Gängige Verschlüsselungsverfahren versus Quantenkryptografie?
- ➢ Hardware- oder softwarebasierte Sicherheitslösungen? Zukunft Smartcard? Trusted Computing?
- ➢ Seamless security (Benutzerfreundlichkeit, Datenschutz)

Schutz vor Cyberangriffen
- ➢ Frühwarnsysteme für Angriffe, Vermeidung Kaskadeneffekte (Bot-Netze; Distributed Denial-of-Service-Angriffe [DDoS])
- ➢ Schutz vor digitaler Produktpiraterie

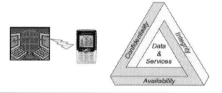

Bild 13

IKT-Sicherheit ist nicht allein eine Frage technologischer Lösungen. Neben objektiven Kriterien für Sicherheit geht es auch darum, Vertrauen und Vertrauenswürdigkeit von IKT zu erreichen. Nur wenn die IKT-Sicherheit auch durch eine vom Nutzer „gefühlte" Sicherheit ergänzt wird, lässt sich das volle Anwendungspotenzial der IKT, insbesondere des Internets, erschließen.

IKT-Sicherheit bleibt künftig eine forschungspolitische Aufgabe, die über die Technikförderung hinausgeht.

4 Entwicklungen im Sicherheitsmarkt

Friedrich Tönsing

Ich bin gebeten worden, zu Entwicklungen am Sicherheitsmarkt vorzutragen. Das mache ich gern. Klaus-Dieter Wolfenstetter war so freundlich, mich Ihnen vorzustellen. Ich möchte noch ein paar weitergehende Worte sagen: Ich komme aus dem Deutschen Telekom-Konzern, dort aus der T-Systems, und ich vertrete die Einheit Security Services and Solutions, den Kompetenzverbund für IT-Sicherheit in der T-Systems. Über diesen Kompetenzverbund bieten wir IT-Sicherheitsdienstleistungen am Markt an. Wir sind also am Markt unterwegs und vor diesem Hintergrund können wir auch zu dem Thema etwas sagen. Vom Inhalt des Vortrages her möchte ich zuerst Marktzahlen darlegen, um Ihnen ein Gefühl für die Größe des Marktes zu geben. Ich möchte aufzeigen, wie wir, aus unserer Sicht, die Marktentwicklung sehen und ich möchte das damit untermauern, dass ich ein paar Beispiele für Innovationen nenne, die wir von der T-Systems auf den Weg gebracht haben in Linie zu der Marktentwicklung, wie wir sie bei uns sehen.

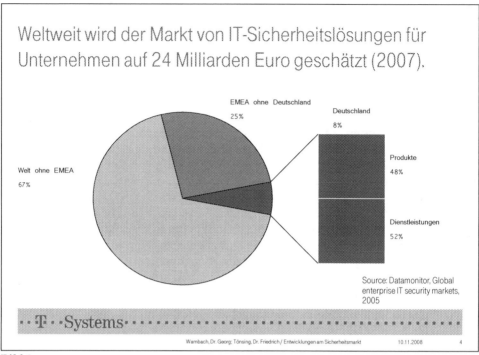

Bild 1

Starten möchte ich mit den Marktzahlen. Wenn man so eine Folie auflegt, lässt sich viel spekulieren und viel sagen. Auf was beruhen die gezeigten Zahlen. Es gibt eine Fülle an Studien, es wird viel voneinander abgeschrieben. Wir haben hier eine Studie herausgesucht, und zwar die Data Monitor-Studie. Wir arbeiten seit Jahren mit Data Monitor-Studien und haben da gute Erfahrungen gemacht. Wir erhalten valide Zahlen, die ich jetzt auch mitteilen möchte. Also auf das Jahr 2007 bezogen gibt es weltweit gesehen einen Markt von IT-Sicherheitslösungen für Unternehmen in der geschätzten Größenordnung von 24 Milliarden Euro. Wenn ich das auf Deutschland herunter breche, weist das Kreisdiagramm 8% aus. Also vom internationalen Sicherheitsmarkt haben wir in Deutschland einen Anteil von 8%. Und 8% auf 24 Milliarden Euro sind größenordnungsmäßig 2 Milliarden Euro. Das ist die Schlagzahl, um die es im deutschen IT-Sicherheitsmarkt geht. Schaut man sich verschiedene Industrien weltweit an, so beläuft sich der Anteil von Deutschland in der Regel auf 6%. Wir haben bei Sicherheit 8%. Daraus lässt sich ableiten, dass wir in Deutschland eine funktionierende Sicherheitsindustrie haben, die man auch von der nationalen Forschungs- und Regierungsseite entsprechend fördern muss. Wir haben hier ein Pfund aus Deutschland heraus, mit dem man wuchern kann. Wenn man den IT-Sicherheitsmarkt in Deutschland noch weiter aufteilt, so ergibt sich eine Gleichverteilung zwischen Produkten und Dienstleistungen. Und das ist etwas, was bei IT-Sicherheit insbesondere eine Rolle spielt: Wir haben die Herausforderung, einen ganzheitlichen Ansatz zu fahren. Nicht nur auf Produkte schielen, sondern eben auch die Dienstleistung im Auge zu haben. Über Dienstleistung lassen sich auch Produkte verkaufen.

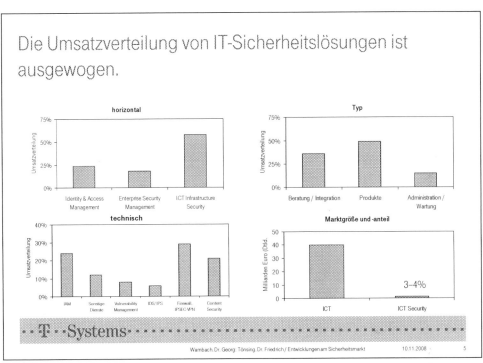

Bild 2

Hier Zahlen zur Umsatzverteilung von IT-Sicherheitslösungen in Deutschland, bezogen auf das Jahr 2007. Beginnen möchte ich mit dem Diagramm unten rechts. Der ICT-Markt (ICT = Information and Communication Technology) in Deutschland ist zwischen 30 und 40 Milliarden Euro groß. Der ICT-Securityanteil beträgt 2 bis 4 Prozent, d.h. zwei Milliarden Euro. Rein von den Zahlen her gesehen muss man zunächst die Kirche im Dorf lassen, wenn es um Security geht, aber bei IT-Sicherheit geht es nicht nur um den reinen Eurobetrag, sondern da geht es auch um weitere Implikationen, die damit einhergehen. Wie auf der vorangehenden Folie sehen wir im Diagramm oben rechts eine Gleichverteilung zwischen Beratung und Integration, Produkt und Administration. Das Diagramm unten links zeigt, dass im Zusammenspiel Infrastrukturlösungen, unternehmensinterner und -externer Sicherheit im Grunde der Infrastrukturanteil Firewalls, VPNs, Antivirenschutzlösungen ca. 50% des Marktanteils ausmacht, aber auch ein „neues

Thema" immer mehr an Gewicht gewinnt, und zwar das Thema Identity und Accessmanagement (IAM). Es geht um Identitäten, es geht um das Management von Identitäten und Berechtigungen. Mittlerweile beläuft sich der entsprechende Umsatzanteils für IAM in Deutschland schon auf 25%. Und dass ich hier in Berlin vor berufenem Munde stehe, zeigt eine aktuelle Meldung letzte Woche im Heise Newsticker, wo darauf hingewiesen wurde, dass hier in Berlin ein Fraunhofer-Cluster „Sichere Identitäten" aus der Taufe gehoben wurde, unter Beteiligung der Fraunhofer-Gesellschaft, unter Beteiligung der Bundesdruckerei, unter Beteiligung von Daimler und Bosch, unter anderem auch unter Beteiligung der T-Labs der Deutschen Telekom. So, wenn hier über Umsätze und Umsatzzahlen gesprochen wird, muss man sich natürlich auch angucken, warum Firmen überhaupt Geld für Sicherheit ausgeben.

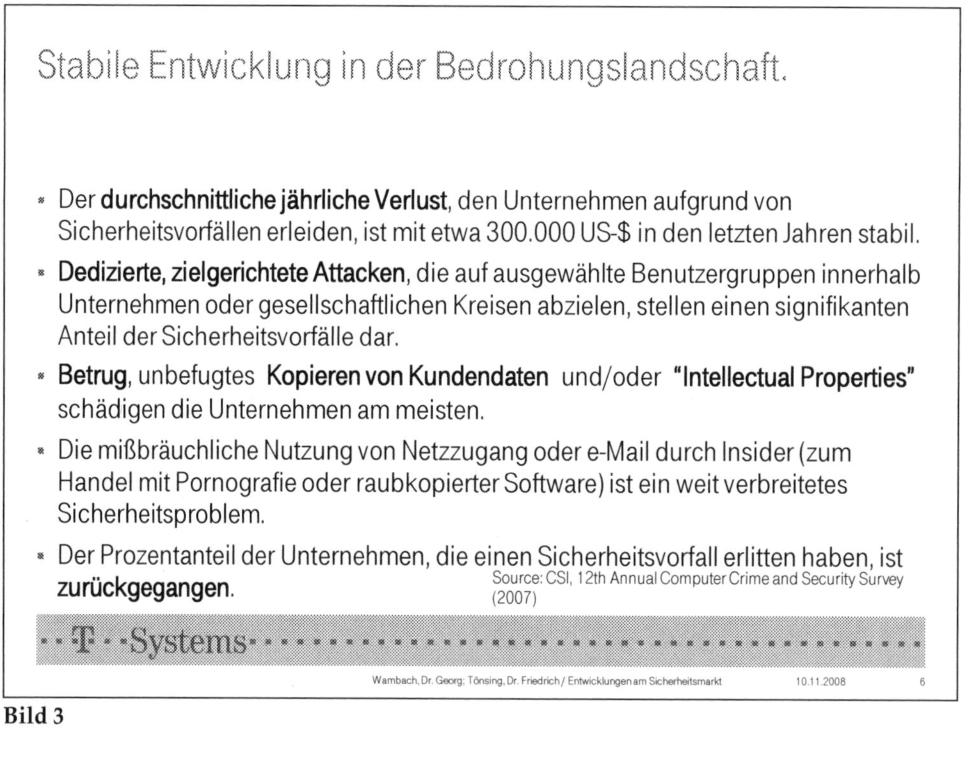

Stabile Entwicklung in der Bedrohungslandschaft.

* Der **durchschnittliche jährliche Verlust**, den Unternehmen aufgrund von Sicherheitsvorfällen erleiden, ist mit etwa 300.000 US-$ in den letzten Jahren stabil.

* **Dedizierte, zielgerichtete Attacken**, die auf ausgewählte Benutzergruppen innerhalb Unternehmen oder gesellschaftlichen Kreisen abzielen, stellen einen signifikanten Anteil der Sicherheitsvorfälle dar.

* **Betrug**, unbefugtes **Kopieren von Kundendaten** und/oder **"Intellectual Properties"** schädigen die Unternehmen am meisten.

* Die mißbräuchliche Nutzung von Netzzugang oder e-Mail durch Insider (zum Handel mit Pornografie oder raubkopierter Software) ist ein weit verbreitetes Sicherheitsproblem.

* Der Prozentanteil der Unternehmen, die einen Sicherheitsvorfall erlitten haben, ist **zurückgegangen**. Source: CSI, 12th Annual Computer Crime and Security Survey (2007)

··T··Systems··

Wambach, Dr. Georg; Tönsing, Dr. Friedrich / Entwicklungen am Sicherheitsmarkt   10.11.2008   6

Bild 3

Ein paar Worte möchte ich zu der Bedrohungslandschaft sagen. Und zwar habe ich die Folie einmal mit „Stabile Entwicklung in der Bedrohungslandschaft" überschrieben. Hier beziehe ich mich auf Aussagen aus einer Studie, die aus den USA kommt, und zwar vom Computer Security Institute, die jährlich Abfragen bei Firmen startet. Ich beziehe mich hier im Wesentlichen auf die Ergebnisse der Studie aus dem Jahr 2007. Es gibt auch eine Studie von 2008, wobei ich im Augenblick ganz einfach nur sagen kann, dass die 2008er Studie aus unserer Sicht nicht so ergiebig ist, sondern eigentlich nochmals die Aussagen von 2007 bestätigt. Und die Aussagen aus 2007 sind ganz einfach die, dass der durchschnittliche, jährliche Verlust, den Unternehmen aufgrund von Sicherheitsvorfällen erleiden, sich im Schnitt in der Größenordnung von 300.000 US-$ abspielt. Das zeigt sich über mehrere Jahre hinweg. Der zweite Spiegelpunkt ist interessant: Zu beobachten sind immer mehr dedizierte, zielgerichtete Attacken, die auf ausgewählte Benutzergruppen in Unternehmen oder gesellschaftliche Kreise abzielen. Das ist das Thema Wirtschaftsspionage, Wirtschaftskriminalität. Es sind nicht mehr die einfachen Hacker, die durch D-DOS-Angriffe irgendetwas in Unordnung bringen wollen, sondern hier hat ein Wechsel stattgefunden: Hier versuchen Kreise mit krimineller Ader sogar Geschäfte zu machen. Am stärksten werden Unternehmen durch Betrug geschädigt, unbefugtes Kopieren von Kundendaten sowie Verstöße gegen Intellectual Properties. Und die missbräuchliche Nutzung von Netzzugang oder E-Mail von Insidern ist weiterhin ein Sicherheitsproblem. Aber aus dieser Studie ist auch hervorgekommen, dass der Prozentsatz der Unternehmen, die einen Sicherheitsvorfall erlitten haben, zurückgegangen ist.

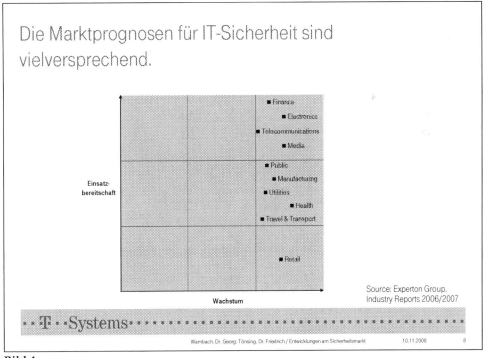

Bild 4

Von der Bedrohungsseite ausgehend sieht man, dass Unternehmen Geld für Sicherheit ausgeben. Wie sieht jetzt die Marktentwicklung aus? These laut einer Studie von der Experton Group ist: Die Marktprognosen für die IT-Sicherheit sind vielversprechend. Das belegt die aufgeführte Grafik: Die verschiedenen Branchen liegen bei „Wachstum in der Sicherheit" alle ganz rechts. Auf der anderen Achse ist Einsatzbereitschaft / Akzeptanz für Sicherheitslösungen aufgeführt. Und da ist in den unterschiedlichen Branchen eine Differenzierung festzustellen. Hohe Einsatzbereitschaft für IT-Sicherheit zeigen die Finanzbranche, die Elektronikbranche, die TK-Branche, aber auch Media, wo schützenswerte Inhalte verarbeitet werden. Die Studie sagt aus, dass die Einsatzbereitschaft im Publicbereich, d.h. im Behördenbereich, im durchschnittlichen Bereich anzusiedeln ist. Das lässt sich damit erklären, dass der Publicbereich mit einer Vielzahl von Aktivitäten zu tun hat, wovon der Bereich Hochsicherheit nur ein schmaler Anteil ist, wo natürlich Sicherheit sehr hoch gehalten wird. Aber in der gesamten Bandbreite hat das nur ein für so eine Grafik durchschnittliches Bild ergeben. Retail, d.h. der Einzelhandel, steht auch für niemanden überraschend ganz unten. Sicherheit wird zwar als wichtig angenommen, aber im Einzelhandel wird jeder Cent umgedreht, da wird sehr sorgsam überlegt, ob und wo investiert wird, was auch für die Akzeptanz für Sicherheitslösungen gilt. Wie reagieren nun die einzelnen Branchen auf Sicherheit? Generelle Aussage: Alle Branchen sind sicherheitssensitiv, aber, und das haben wir einmal herauszufinden versucht und das möchte ich auch belegen, dass die Herausforderungen der IT-Sicherheit industriespezifisch sind.

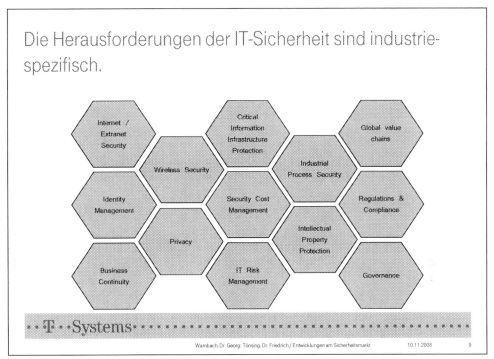

Die Herausforderungen der IT-Sicherheit sind industriespezifisch.

Internet / Extranet Security

Critical Information Infrastructure Protection

Global value chains

Wireless Security

Industrial Process Security

Identity Management

Security Cost Management

Regulations & Compliance

Privacy

Intellectual Property Protection

Business Continuity

IT Risk Management

Governance

··T··Systems··

Wambach, Dr. Georg; Tönsing, Dr. Friedrich / Entwicklungen am Sicherheitsmarkt   10.11.2008   9

Bild 5

Dazu haben wir Folgendes gemacht: Wir haben 13 Kriterien aufgesetzt, und zwar Kriterien, die nicht unbedingt Infrastrukturlösungen, Firewall-Lösungen, VPN-Lösungen und ähnliches im Fokus haben. Wir haben uns stattdessen gefragt: Was muss getan werden, dass so eine Einheit wie wir, die Sicherheit am Markt anbietet, das anbietet, wovon eine Firma profitiert und worauf sie Wert legt, nämlich dass die Geschäftstätigkeit erhalten bleibt. Diese 13 Kriterien haben wir dann genommen, um die einzelnen Branchen dahingehend zu untersuchen, wo eigentlich in welcher Branche insbesondere „der Schuh drückt". Da möchte ich einmal durch drei Branchen gehen, und zwar die Branchen Maschinenbau, Automobilindustrie und Telekommunikation.

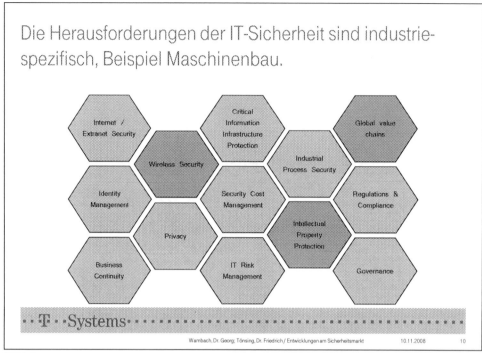

Die Herausforderungen der IT-Sicherheit sind industrie-spezifisch, Beispiel Maschinenbau.

Wambach, Dr. Georg; Tönsing, Dr. Friedrich / Entwicklungen am Sicherheitsmarkt   10.11.2008   10

Bild 6

Insbesondere im Maschinenbau kommt es auf die Leistungen der Ingenieure an, also darauf, dass das Thema Intellectual Property Protection abgesichert ist. Im Maschinenbau wird international produziert. Es ist also darauf zu achten, dass der Global Value Chain abgesichert ist. Das nächste ist, was wir zumindest in unseren Projekten sehen, dass in der Produktion und in den Prozessen Funktechnologie eine Rolle spielt. Das heißt also, insbesondere das Thema Wireless Security gilt es im Maschinenbau zu berücksichtigen.

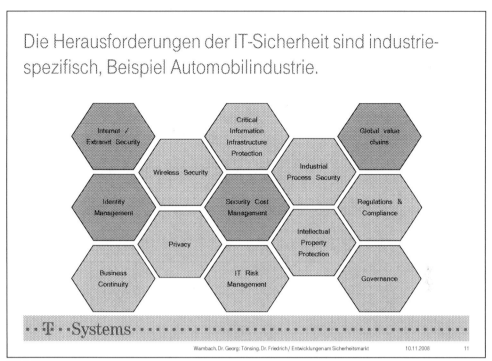

Bild 7

In der Automobilindustrie gilt für die internationale Produktion dasselbe wie für den Maschinenbau. Bei der Automobilindustrie ist es aber so, dass es eine Fülle an unterschiedlichen Parteien gibt. Die Automobilfirma selber, die Zulieferer, im After Sales-Bereich die Werkstätten und so weiter, die alle miteinander kommunizieren wollen. Das heißt also, das Thema Internet und Extranet Security spielt dort eine Rolle. Und gerade deswegen, weil es da die verschiedenen Parteien gibt, so dass Anwendungssysteme geöffnet werden, haben wir insbesondere hier in der Automobilindustrie das Thema Identity und Access Management. Des Weiteren steht das Thema Security Cost Management sehr im Vordergrund.

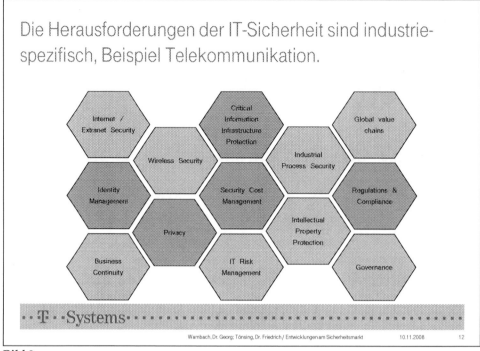

Die Herausforderungen der IT-Sicherheit sind industrie-spezifisch, Beispiel Telekommunikation.

Wambach, Dr. Georg; Tönsing, Dr. Friedrich / Entwicklungen am Sicherheitsmarkt   10.11.2008   12

Bild 8

Die Branche Telekommunikation ist ein privatisierter und ein regulierter Bereich. Das heißt also, da gibt es eine sprechende Gesetzgebung, man ist dem Aspekt Regulations and Compliance unterworfen. Ein weiterer Punkt ist das Thema Kommunikation als Grundbedürfnis, d.h. die Aufrechterhaltung als kritische Infrastruktur in Sonderfällen, z.B. Katastrophenfällen. Wir unterliegen also Dingen wie Critical Information Infrastructure Protection. Ein Telekommunikationsunternehmen muss sich insbesondere um Kundendaten und Datenschutz kümmern. Auch spielt das Thema Security Cost Management eine große Rolle.

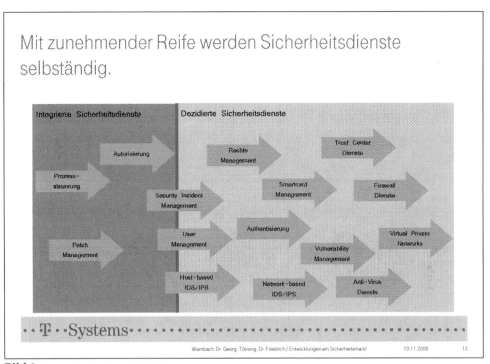

Mit zunehmender Reife werden Sicherheitsdienste
selbständig.

Bild 9

Ich möchte jetzt einmal einen Schritt weiter gehen und in das Thema Sicherheitsdienste einsteigen. Hierbei geht es darum, wie sich die Sicherheitsdienste am
Markt entwickelt haben. Ich will jetzt nicht durch diese Folie im Einzelnen durchgehen, sondern einfach nur eine globale Aussage treffen: Wenn ich mir die Sicherheitsdienste anschaue, zum Beispiel Firewall-Dienste, und wir gehen einmal 20
Jahre zurück, Anfang der 90er Jahre, so waren Firewalls etwas für Experten, die
diese konfigurieren konnten. Mittlerweile stellen wir fest, dass eine Firewall, eine
Personal Firewall, auf beinahe jedem PC ist. Gleiches gilt für Verschlüsselungslö-
sungen und Ähnliches. Das heißt also, die Sicherheitsdienste separieren sich, sind
dediziert, werden aus anderen Diensten herausgezogen. Damit geht auch einher,
dass Firmen Sicherheitsdienste outsourcen, z.B. an die T-Systems. Damit einherge-
hende Begriffe sind Outsourcing, Outtasking, Software as a Service oder auch Security as a Service. Unsere Erfahrung damit ist, dass wir in Deutschland bei den
Firmen gewisse Vorbehalte hierzu zu überwinden haben und man es dann einfacher hat, wenn man für eine Firma schon Outsourcingdienste wahrnimmt. Dann
fällt es der Firma auch leicht, das Thema Security mit outzusourcen.

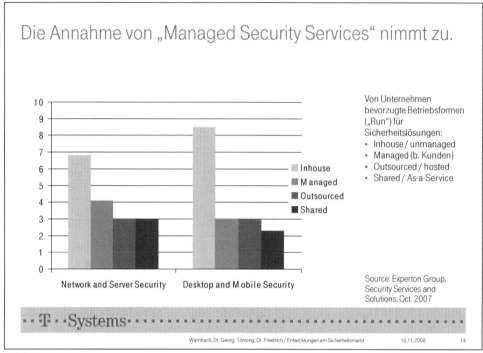

Bild 10

Ich nenne einmal als ganz einfaches Beispiel T-Systems. Wenn wir für ein Unternehmen SAP betreiben, dann ist die Firma auch bereit, dass die Sicherheit für SAP auch von uns gemacht wird. Also, in dem Sinne dann das Outsourcen von Sicherheit. Und meine Behauptung ist sogar, dass die Akzeptanz von Managed Security Services zunimmt. Ich habe hier eine Folie von 2007 mitgebracht, wo diese Bereitschaft, Sicherheitsdienstleistungen outzusourcen, auch dargelegt wird. Es gibt dabei vier große Unterscheidungen: eine Firma macht das Thema Sicherheit komplett selber; eine Firma macht das Thema Sicherheit selber, aber lässt es extern von einem Dienstleister managen; eine Firma gibt sogar den kundenindividuellen Sicherheitsdienst inkl. Management nach draußen; der Sicherheitsdienstleister bietet einen Sicherheitsdienst inkl. Management nicht kundenindividuell, sondern quasi als Plattform für mehrere Unternehmen an. Im Jahre 2007 stellte sich heraus, dass wir zu den unterschiedlichen Themen Network and Server Security und Desktop and Mobile Security auf jeden Fall alle Varianten finden. Also die Firmen sind tatsächlich bereit, die Security outzusourcen. Interessant an dieser Folie ist nur, dass im Network- und Serverbereich ein Outsourcing leichter stattfindet als im Desktopbereich. Zu erklären ist das damit, dass der Netzbetrieb oftmals schon ausgelagert ist, im Gegensatz zu den Arbeitsplätzen der eigenen Mitarbeiter.

T-Systems ICT Security Strategie.

* Ziel: T-Systems ist ein **Komplettanbieter von Sicherheitslösungen.**
* Portfolio:
  * **Geschäftspartner** unserer Kunden mit tiefem Verständnis der speziellen **vertikalen Sicherheitsanforderungen.**
  * **Prozess-** und **Technologie-Partner** unserer Kunden als **„Compliance Enabler".**
  * Anbieter von übergangsfreien **Ende-zu-Ende Sicherheitslösungen** entlang der **gesamten Wertschöpfungskette** (plan – build – run)
  * ICT Sicherheitslösungen **über ICT hinaus** fortentwickeln und die Kompetenzen und Skaleneffekte des Konzerns Deutsche Telekom nutzen.
* Zeit:
  * **Innovativer Dienstleister** mit **aktuelle Sicherheitslösungen** dank **schneller Lösungsentwicklung** und **-umsetzung.**

Source: Corporate Business Development, Dec. 2006

T··Systems

Wambach.Dr. Georg: Tönsing. Dr. Friedrich / Entwicklungen am Sicherheitsmarkt   10.11.2008   15

Bild 11

Die Security Strategie der T-Systems ist Folgende: Wir sehen uns als Komplettan-bieter von Sicherheitslösungen; wir sehen uns als Partner unseres Kunden; wir sehen Sicherheit nicht nur von der Technologie, sondern auch von der Prozess-schiene her; wir sehen Sicherheit als ein Ende-zu-Ende-Thema und wir haben vor, dadurch, dass wir uns auch auf dem Feld Innovation aufhalten, aktuelle Sicher-heitslösungen mit schneller Lösungsentwicklung und Umsetzung am Markt zu platzieren.

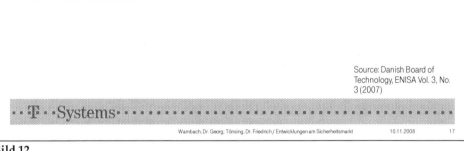

Bild 12

Es werden einige Beispiele für Innovation vorgestellt. Daraus ist auch abzulesen, wo wir Sicherheitstrends sehen.

Hardwaremodule als Anker der Sicherheit.

Paßworte, kryptografische Schlüssel und andere kritische Daten speichern;
Funktionen wie Verschlüsselung und Signatur sicher ausführen.

* Smart Card Security for BlackBerry:
  * Zugangskontrolle / Secure Login (Diebstahlschutz),
  * Verschlüsselung und Signatur von E-Mails,
  * Absicherung von Geschäftsanwendungen.

* Crypto-μSDcard technology for PocketPCs:
  * Chipkartenfunktionen für Authentisierung
    und sichere Kommunikation,
  * Datensafe (sicherer Flash-ROM).

··**T**··Systems··································

Wambach, Dr. Georg; Tönsing, Dr. Friedrich / Entwicklungen am Sicherheitsmarkt   10.11.2008   18

Bild 13

Ein Punkt, wo wir uns innovativ betätigen, ist Hardwaremodule als Anker der
Security. Jeder weiß, dass ein Hardware-Token genutzt werden kann, um kritische
Daten, Passwörter, kryptographische Schlüssel zu speichern und entsprechende
Sicherheitsfunktionen wie Verschlüsselung und Signatur durchzuführen. Wir haben bei uns die Verbindung einer Smartcard mit dem Blackberry gezeigt, um entsprechende Security Logins, Zugangskontrolle, Verschlüsselung von Mails usw.
realisieren zu können. Und das, was wir mit dem Blackberry gemacht haben, haben wir auch auf Smartphones übertragen. Dabei wurde als Formfaktor einer
Chipkarte eine Mikro-SD-Karte gewählt.

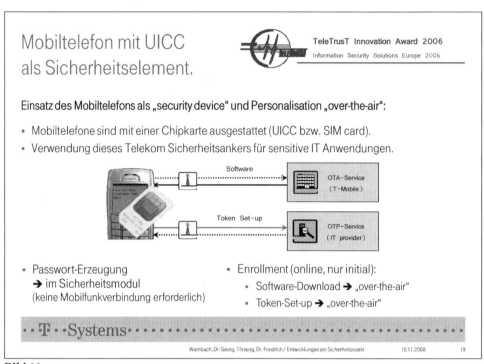

Mobiltelefon mit UICC als Sicherheitselement.

TeleTrusT Innovation Award 2006
Information Security Solutions Europe 2006

Einsatz des Mobiltelefons als „security device" und Personalisation „over-the-air":

* Mobiltelefone sind mit einer Chipkarte ausgestattet (UICC bzw. SIM card).
* Verwendung dieses Telekom Sicherheitsankers für sensitive IT Anwendungen.

Software → OTA-Service (T-Mobile)

Token Set-up → OTP-Service (IT provider)

* Passwort-Erzeugung
  → im Sicherheitsmodul
  (keine Mobilfunkverbindung erforderlich)

* Enrollment (online, nur initial):
  * Software-Download → „over-the-air"
  * Token-Set-up → „over-the-air"

···T···Systems·············

Wambach, Dr. Georg; Tönsing, Dr. Friedrich / Entwicklungen am Sicherheitsmarkt   10.11.2008   19

Bild 14

Zu Mobiltelefonen mit UICC als Sicherheitselement arbeiten wir mit der T-Mobile zusammen. Mit dem Sicherheitselement Chipkarte als Sicherheitsanker, den der Konzern Deutsche Telekom in der eigenen Hand hat, kann man das Mobiltelefon als Security Device ansehen, wobei die Personalisierung over the air stattfindet. Was wir dort konkret gezeigt haben, ist Folgendes: Wir haben auf dieser UICC einen Passwortgenerator untergebracht, so dass man lokal mit seinem Mobiltelefon Einmal-Passwörter erzeugen kann. Jetzt kommt es natürlich darauf an, wie diese Applikation in die Chipkarte hineinkommt. Da nutzen wir den over-the-air-Service der T-Mobile. Dort liegt die Software, die Software wird ins UICC des Mobiltelefons downgeloadet, wird dann mit einem speziellen Protokoll nochmals „scharfgeschaltet", so dass dann die Einmal-Passwort-Funktion genutzt werden kann. Für diese innovative Idee haben wir 2006 den TeleTrust Innovation Award bekommen. 2007 haben wir keinen Preis bekommen, dafür 2008 wieder einen, und zwar zum Thema Sprachverschlüsselung in öffentlichen Netzen.

Sprachverschlüsselung in
öffentlichen Netzen.

TeleTrusT Innovation Award 2008
Information Security Solutions Europe 2008

* Es ist wichtig und auch brisant, was Herr Anders sagt.

* Secusmart: Lösung „Secuvoice"

μSD – Karte:
(mit TCOS)

Nokia Software und
Codecs:

Teilnehmerauthentisierung, Sprachverschlüsselung.

··T··Systems··

Wambach, Dr. Georg; Tönsing, Dr. Friedrich / Entwicklungen am Sicherheitsmarkt   10.11.2008   20

Bild 15

Es geht um Ende-zu-Ende-Sicherheit im Mobilfunk. Da arbeiten wir mit Nokia, bzw. einem Spin-off von Nokia zusammen, wo wir auf Basis einer Mikro-SD-Karte mit unserem Chipkartenbetriebssystem TCOS unter Anpassung von der Nokia Software und den Codes im Nokia-Handy eine Ende-zu-Ende-Verschlüsselung auf einfache Art umsetzen können.

Mobile Anwendungen und Daten.

Identität, Authentisierung, Übertragungssicherheit für:
* Fernzugriff auf „Anwendungen im RZ"
  * Citrix, Windows Terminalserver.
  * Browser mit SSL/TLS.
* Fernzugriff auf den „Desktop im RZ"
  * Terminalsoftware vom PC, Thin Client oder
  * Terminalsoftware (virtualisiert) vom USB-Laufwerk/Stick.
* Anwendungen und Daten in der Westentasche
  * Zusatzsoftware für PC-Anwendungen (z.B. Sicherheitspaket)
  * Office-Applikationen oder Software für VoIP.
  * Sicherer Datenspeicher.
  * Soft-PC auf dem USB-Laufwerk/Stick.

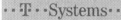

Wambach, Dr. Georg; Tönsing, Dr. Friedrich / Entwicklungen am Sicherheitsmarkt   10.11.2008   21

Bild 16

Schwerpunkt im Portfolio der T-Systems ist das Anbieten von Rechenzentrums-leistung. Laufen nun Anwendungen im Rechenzentrum, auf die aus der Ferne gesichert zugegriffen werden soll, muss man sich mit dem Thema mobile Anwendung und Daten auseinandersetzen. Den sicheren Fernzugriff realisieren wir in der Regel durch USB-Token, die unsere Chipkarte enthalten. Damit ist der sichere Zugriff auf die Anwendung im Rechenzentrum oder auf den Desktop im Rechenzentrum möglich. Damit lässt sich auch das „Büro in der Westentasche" mit eigener Officeumgebung usw. umsetzen.

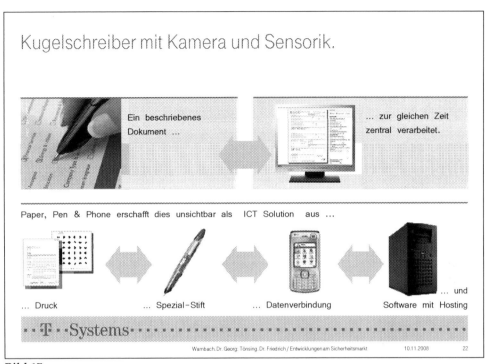

Bild 17

Unser Innovationsthema Kugelschreiber mit Kamera und Sensorik hilft, Medien-brüche zu vermeiden. Das Szenario: Ich bin bei einem Kunden und lege ihm einen Vertrag vor; der Vertrag soll abgeschlossen werden; dazu wird ein Spezialstift genutzt, der mit einer Kamera, Sensorik sowie einer Funkschnittstelle versehen ist, so dass via Mobiltelefon eine Verbindung in die Hintergrundsysteme gegeben ist, so dass das, was gerade beim Kunden passiert, parallel zentral im Hintergrund bearbeitet und archiviert werden kann.

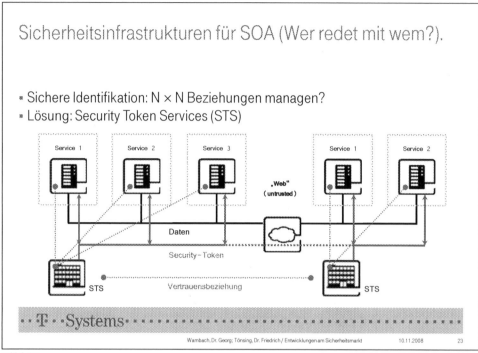

Bild 18

Ein aktuelles Thema sind SOA-Infrastrukturen, serviceorientierte Architekturen, mit denen man Geschäftsprozesse dadurch unterstützen kann, dass man Services komponieren und orchestrieren kann. Vereinfacht gesehen liegt uns ein Datenbus oder SOA-Bus vor. Auf diesen SOA-Bus werden verschiedene Services draufgeklemmt, und das in meiner Heimatdomäne oder bei dem Zulieferer in dessen Domäne. Und das möchte ich alles zusammen schalten, so dass ich einen neuen Geschäftsprozess, einen neuen Service bekomme. In dem Augenblick, wo ich so etwas mache, habe ich sofort die Frage: Wie bekomme ich Vertrauen in ein solches Szenario hinein? Und in dem Augenblick, wo ich Vertrauen dort hineinbringe, bin ich bei Security Token und einem Security Token Service. Wir haben in einem Forschungsprojekt einen Security Token Service aufgesetzt. Bei Betrachtung der Architektur fällt die Vergleichbarkeit zu Public Key-Infrastrukturen mit Certification Authorities und Cross Zertifikaten auf. Das heißt also, bei Beschäftigung mit Vertrauen in SOA-Architekturen ist man ganz schnell bei dem Thema Trust Center, und nicht nur bei individuellen Lösungen, sondern als ein Trust Center-Betreiber mit der Zielrichtung, standardisierte Trust Center-Dienste für SOA-Anwendungen umzusetzen. An so etwas wird gearbeitet.

Als Zusammenfassung: Ich habe Marktzahlen zum IT-Sicherheitsmarkt vorgestellt, ich habe die Marktentwicklung dargestellt und habe mich bemüht, die Marktentwicklung mit Innovationsthemen der T-Systems als Trendaussage zu untermauern. Vielen Dank für die Aufmerksamkeit.

5 Trends in der IT-Sicherheit

Claudia Eckert

Ich möchte Ihnen einen Überblick geben über Trends, Challenges, offene Fragestellungen sowie Lösungsansätze aus dem Bereich der IT-Sicherheit. Meine Vorredner haben mir schon eine wunderbare Basis dafür geschaffen, indem sie wichtige Trends im Bereich IT bereits angesprochen haben. Deshalb werde ich auf diese Trends, nämlich das Internet of Things and Services nur noch einmal kurz eingehen, um daran dann die IT-Sicherheitsthemen, die sich aus diesen IT-Trends ergeben, zu skizzieren und anschließend Lösungen vorstellen, die insbesondere im Forschungsumfeld entwickelt werden, aber schon reif sind, auch in die unternehmerische Praxis übernommen zu werden.

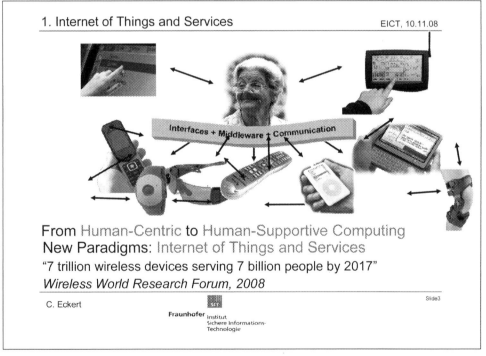

Bild 1

Wo stehen wir heute? Wir erleben einen Paradigmenwechsel von benutzer-zentrierter IT zu benutzer-unterstützender IT. Was bedeutet das? Heute sind wir noch im Wesentlichen umgeben von einer Vielzahl von Devices, die wir alle mehr oder minder sachgerecht handhaben müssen. Das meine ich mit der Benutzer-Zentrierung. Aber der Trend ist ganz klar: Diese Devices werden immer intelligenter. Sie sind in der Lage, sich selbständig an die Umgebung anzupassen, unterein-ander zu kommunizieren und auf diese Weise den Nutzer unaufdringlich, aber gezielt in seinen Aktivitäten zu unterstützen. Das ist das Internet of Things, in dem Millionen von smarten Objekten miteinander interagieren. Sie stellen Dienste zur Verfügung und nutzen die Dienste anderer Objekte.

---

1. Internet of Things and Services EICT, 10.11.08

Vision: Internet of Things
Smart Items: beyond RFID

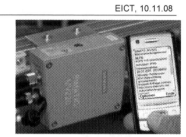

Characteristics:

• Sensors embedded in Products

• Smart Product with Product Memory

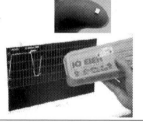

• Product monitors its own State

• Communicates wire-less, ad-hoc

• is Context-aware, adaptable

C. Eckert  Slide4

Fraunhofer Institut
Sichere Informations-
Technologie

Bild 2

Aber was bedeutet das, dass wir von smarten Objekten umgeben sind, die IT-Technologie beinhalten? Ich verstehe hierunter nicht nur Objekte, die mit einem RFID-Tag versehen sind, sondern auch noch viel weitergehende Technologien. Smarte, eingebettete IT-basierte Komponenten, die eingebettet werden in Bauteile, Produktions- oder auch Steuerungsanlagen. Damit werden auch solche Kompo-nenten „smart". Sie verfügen über ein Gedächtnis und merken sich, welche Aktionen von wem, wann ausgeführt wurden, sie haben einen Zustand und können über Sensoren ihre Umgebung wahrnehmen, so dass sie kontext-sensitiv agieren. Sie können drahtlos kommunizieren, Daten mit anderen Geräten, wie z.B. den Prüfgeräten eines Technikers, austauschen oder sich auch an die Umgebung selbst anpassen.

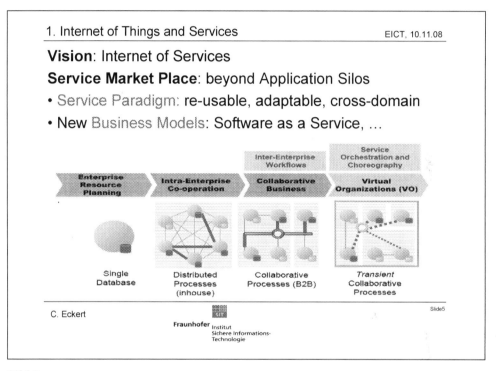

Bild 3

Die zunehmende Service-Orientierung schlägt sich im Netz der Dienste nieder, im Internet of Services. Damit verbunden ist eine Abkehr von den siloartigen Applikationen und eine Hinwendung zu einer offenen Plattform für Diensteanbieter und -nutzer. Im Internet der Dienste kann jeder Dienste anbieten, Dienste anderer flexibel, on-demand in Anspruch nehmen und Dienste zugeschnitten auf die eigenen Bedürfnisse kombinieren. On-demand genutzte und konfigurierte Dienste werden ggf. nur kurzzeitig genutzt und unterliegen einer hohen Dynamik. Das Internet der Dienste ermöglicht neue Business-Modelle und neue Anwendungen, wie Business on-demand, aber auch innovative Anwendungen in unterschiedlichsten Bereichen, wie dem Gesundheitsbereich, der Logistik oder dem Maschinenbau.

1. Internet of Things and Services   EICT, 10.11.08

Innovative Applications: e.g.

(1) Smart Factory: Future of industrial automation

• Network of Smart Components

• Smart Services: e.g.

    • Energy-aware Production

    • On-the Fly Fault Detection

⟹ Improved Manufacturing
Maintenance, Compliance

Slide6

C. Eckert

Fraunhofer Institut
Sichere Informations-
Technologie

Bild 4

Ich habe für den heutigen Vortrag lediglich zwei solcher neuen Anwendungsbereiche beispielhaft aufgegriffen. Betrachten wir zum Beispiel den Bereich der Produktion. Hier werden Smart Factories entstehen, in denen smarte Komponenten in den
Produktionsprozess eingebunden werden. Smarte Komponenten zeichnen selbständig ihre Historie auf, signalisieren Abweichungen von erwartetem Systemver-
halten und überwachen ihre eigenen Abläufe und kommunizieren proaktiv mit
anderen Systemen. Auf diese Weise ist es beispielsweise möglich, Fehler frühzeitig
zu erkennen und zu beheben, bevor der Produktionsvorgang gestört wird oder
aber auch den gesamten Prozess zu optimieren.

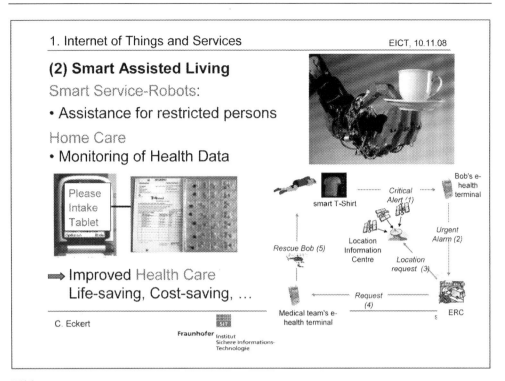

Bild 5

Ein wichtiges Anwendungsfeld der Technologien des Internet of Things and Services ist das Gesundheitswesen. Betrachtet man Szenarien aus dem Bereich des Assisted Living, so sehen wir hier smarte Komponenten im Einsatz, wie beispielsweise smarte Roboter, die beeinträchtigte Personen bei den alltäglichen Abläufen unterstützen. Weitere Beispiele sind smarte Objekte, wie smarte Medikamenten-Spender, die zum Beispiel mit dem Mobiltelefon kommunizieren und darauf hinweisen, dass Medikamente genommen werden müssen, oder die mit Verpackungen von Lebensmitteln kommunizieren, um zu erkennen, ob das Lebensmittel Stoffe beinhaltet, die mit den zu nehmenden Medikamenten nicht verträglich sind. Smarte Kleidung kann zusammen mit Körpersensoren dazu beitragen, eine Notfallsituation zu erkennen und die erforderlichen Maßnahmen, wie die Benachrichtigung des Notarztes, einzuleiten.

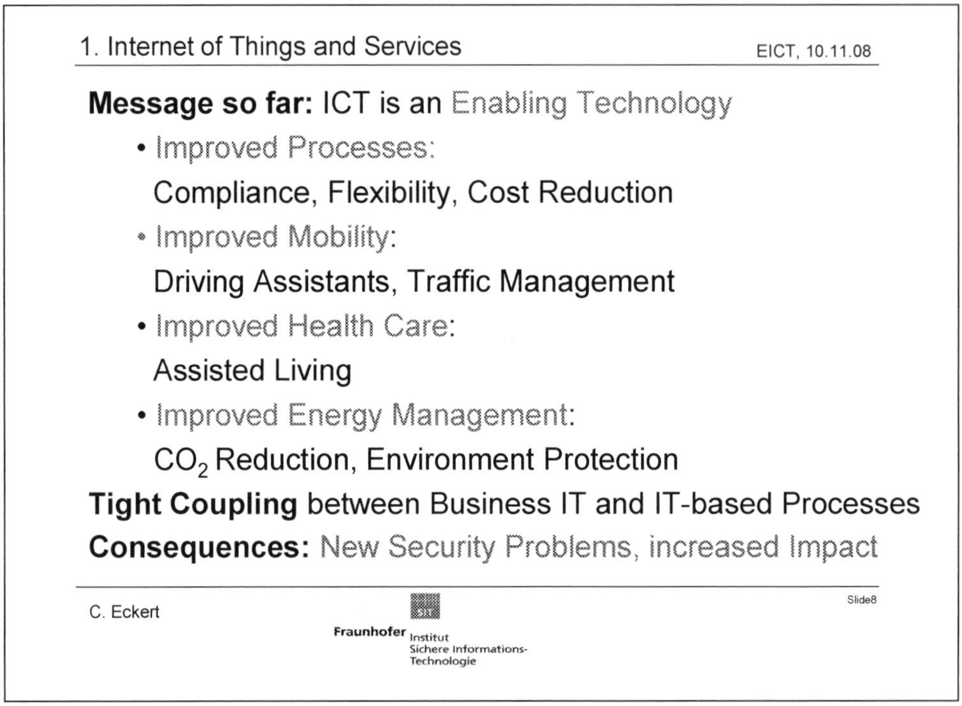

---

1. Internet of Things and Services   EICT, 10.11.08

Message so far: ICT is an Enabling Technology

 • Improved Processes:

   Compliance, Flexibility, Cost Reduction

 • Improved Mobility:

   Driving Assistants, Traffic Management

 • Improved Health Care:

   Assisted Living

 • Improved Energy Management:

   CO_2 Reduction, Environment Protection

Tight Coupling between Business IT and IT-based Processes

Consequences: New Security Problems, increased Impact

C. Eckert   Slide8

Fraunhofer Institut
Sichere Informations-
Technologie

Bild 6

Das IT-basierte Internet of Things and Services ermöglicht neue Anwendungen, verbessert bestehende Prozesse und kann dazu genutzt werden, die Qualität von Systemen nachhaltig zu verbessern. Andererseits werden wir zunehmend abhängiger davon, dass die IT-basierten Komponenten und Dienstleistungen zuverlässig funktionieren und dass die damit verarbeiteten und kommunizierten Daten korrekt sind. Die IT-Sicherheit nimmt somit eine Schlüsselrolle im Internet der Dinge und Dienste ein. Sind die IT-gestützten, eng vernetzten Prozesse und Applikationen manipulierbar, dann gefährden sie nicht nur z.B. den Produktionsbereich sondern auch alle angekoppelten Systeme, wie zum Beispiel die dahinterliegende Business-IT. Durch die Vernetzung entstehen kaskadierende Effekte mit entsprechend größerem Schadensausmaß.

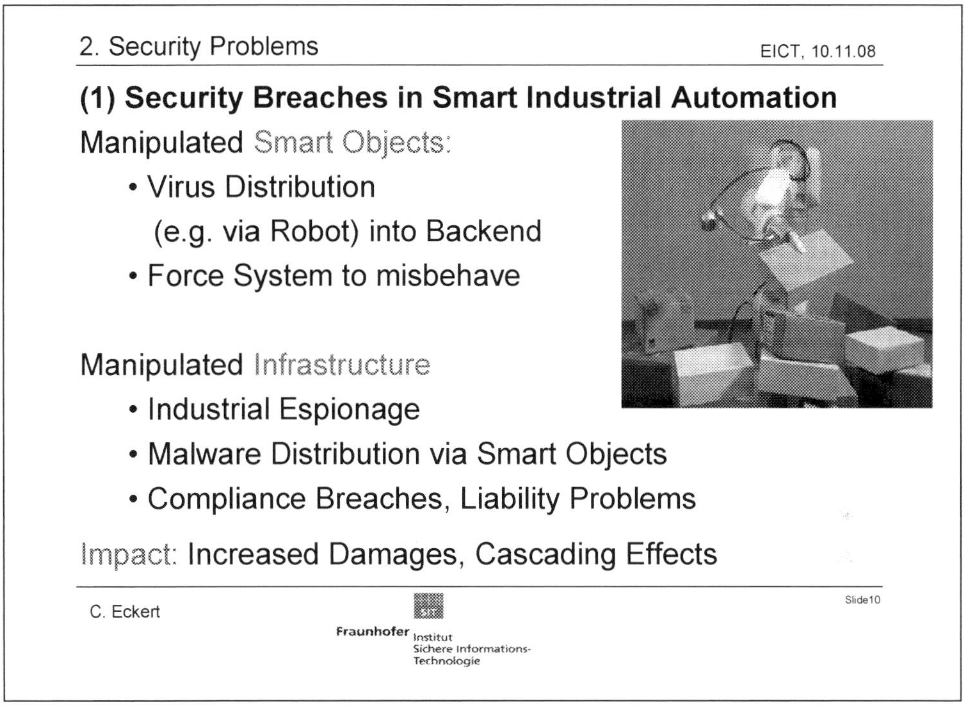

Bild 7

Betrachtet man beispielsweise das Automatisierungs-Szenario einer Produktions-anlage oder einer Smart Factory mit einer Vielzahl kommunizierender smarter Komponenten. Diese sind zum Teil einfache, ressourcenbeschränkte Objekte, die keine Sicherheitsmaßnahmen beinhalten. Wird eine dieser Komponenten mit einem Virus oder einer anderen Schadsoftware infiziert, so kann sich dieser Schadcode ungehindert ausbreiten. Selbst Backend-Systeme bleiben unter Umständen nicht verschont. Die Frage nach geeigneten und wirksamen Maßnahmen zur Absicherung der smarten Komponenten und Objekte ist also eine sehr zentrale.

(2) Security Breaches in Health Applications

Manipulated Service Robot

- Unauthorized Surveillance.
  Privacy issues
- Insert faked Remote Commands

Manipulated Home Care Equipment

- Leak & modify Health Data
- Induce false Treatments
- Impede timely Reactions

Impact: Severe Health Injuries, Privacy Threats

C. Eckert   Slide 11

Fraunhofer Institut
Sichere Informations-
Technologie

Bild 8

Offensichtlich sind die Sicherheitsprobleme, wenn man an den Anwendungsbereich eHealth denkt. Betrachten wir als Beispiel wieder das Szenario mit den smarten Robotern, die natürlich auch von Ferne gesteuert werden können. Fernadministration, wovon wir gerade schon gehört haben, ist natürlich in vielen Bereichen ein wichtiger Aspekt. Über eine Fernadministration lassen sich einzelne Systeme oder auch ganze Anlagen remote kontrollieren, indem von Ferne Steuerungskommandos gestartet werden, Patch-Software aufgespielt oder das System rekonfiguriert werden kann.

Was bedeutet es aber, wenn ich solche Geräte und Komponenten, die zum Beispiel im Gesundheitsbereich zum Einsatz kommen, von Ferne manipulieren kann? Wenn ich gezielt die Geräte manipulieren kann, sind Schäden an Leib und Leben möglich. Durch das Ausspähen sensibler Gesundheitsdaten unter Ausnutzung der Schwachstellen der eingesetzten smarten Komponenten besteht eine erhebliche Bedrohung der Privatsphäre der Nutzer.

Also, wir haben eine schöne neue IT-Welt, mit neuen Anwendungsmöglichkeiten, aber damit direkt verbunden auch eine Vielzahl von zum Teil neuen IT-Sicherheitsproblemen.

EICT, 10.11.08

3. Trends/Challenges in IT-Security

• Artefact Security
  • Artefact Identification, Integrity
  • Intellectual Property Protection
• Information Assurance
  • Information Leakage Prevention
  • Risk Mitigation, Testing, Compliance
• Ambient Security:
  • Sensor Data collection & protection
  • Integration of physical and IT Security
  • Privacy-Enhancing Technologies

C. Eckert

Slide13

Fraunhofer Institut
Sichere Informations-
Technologie

Bild 9

Was sind denn nun aber die großen Problembereiche, in denen neue Lösungen benötigt werden, die neue Prozesse, neue Architekturen und Systeme erfordern? Manche Aspekte sind schon angesprochen worden. Als ersten Problembereich möchte ich das ansprechen, was ich als Artefaktsicherheit bezeichne. Wie wir gesehen haben, sind wir im Internet der Dinge von einer Vielzahl smarter Objekte oder Artefakte umgeben. Derartige Objekte können auch Know-how-Träger sein in dem Sinne, dass sie Intellectual Property verkörpern. Wie stelle ich nun sicher, dass diese Know-how-Träger, diese smarten Artefakte authentisch sind, wenn ich sie nutze, dass sie also eine nachweisbare Objekt-Identität haben und es sich um ein tatsächliches Original-Objekt handelt? Dies ist u.a. dann wichtig, wenn es um das Thema Haftung geht, zum Beispiel bei Problemen, die sich aus dem Einsatz gefälschter Komponenten ergeben. Wie stelle ich also sicher, dass die verwendeten Artefakte nicht manipuliert sind? Das heißt, wie stelle ich die eindeutige Identität, Authentizität, Integrität, Unverfälschtheit von smarten Artefakten sicher? Dazu gehört natürlich auch die Frage, wie schütze ich mich vor unerlaubten Kopieren, Klonen und vor dem Diebstahl des mit dem smarten Artefakt verbundenen geistigen Eigentums?

Diese Frage ist sehr eng verbunden mit dem zweiten allgemeinen Problembereich, der Sicherstellung der Information Assurance. Was ist hier das Problem? In offenen Systemen, mit denen wir es zu tun haben, werden Informationen – so soll es ja auch sein – frei und offen ausgetauscht. Dennoch möchte ich natürlich sicherstellen, dass Daten, Objekte, Dokumente zur Verbesserung der Abläufe in geregelter und kontrollierter Weise ausgetauscht und gemeinsam verwendet werden können. Das heißt, dass man sicherstellen muss, dass Objekte, die weitergegeben werden, wie z.B. CAD-Zeichnungen, auf der Empfängerseite nur so verwendet werden, wie ich es als Eigentümer dieser Objekte gerne hätte. Ich möchte also verhindern, dass Informationen unkontrolliert oder auch ungewollt „durchsickern", so dass sie in unauthorisierte Hände gelangen. Information Leakage Prevention ist eine herausragende Fragestellung. Welche Konzepte, Architekturen werden hierfür benötigt? Wie sehr können zum Beispiel Mechanismen des Trusted Computing oder Visualisierungsansätze hierbei helfen? Was sind geeignete Maßnahmen, um die Risiken zu minimieren? Das Messen und Bewerten von Sicherheit, aber auch das methodische Testen der Sicherheit interagierender Komponenten und Dienste erfordert noch ganz erheblichen Forschungs- und Entwicklungsbedarf.

Als drittes möchte ich den Bereich ansprechen, den ich Ambient Security nenne. Der Begriff ist von mir geprägt und lehnt sich an die bekannten Begriffe Ambient Intelligence und Ambient Environment an. Hier geht es darum, dass Geräte in den Umgebungen verschwinden und uns unaufdringlich unterstützen. Unter Ambient Security verstehe ich deshalb eine Sicherheit, die alles durchdringt, die unaufdringlich und durchgehend da ist. Das heißt, dass ein erforderliches Sicherheitslevel über alle die interagierenden, smarten Komponenten und Dienste hinweg aufrechterhalten bleibt.

Im Folgenden möchte ich kurz auf einige Lösungsansätze eingehen, die in den drei angesprochenen Problembereichen entwickelt werden. Abschließend werde ich dann einige offene Fragen skizzieren.

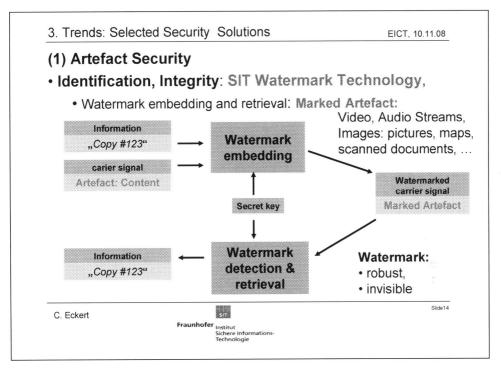

Bild 10

Beginnen wir mit dem Problembereich der Artefakt-Sicherheit. Da geht es natürlich immer darum, wie ich Komponenten so aufbereiten kann, dass ich einen geeigneten Kontrollmechanismus in diese Komponente einbetten kann, so dass die Komponente sich selber schützen und/oder anhand dieses Mechanismus erkannt werden kann, um was für eine Komponente es sich handelt, ob sie ggf. unauthorisiert manipuliert wurde etc.

Ein wichtiger Mechanismus zum Schutz insbesondere von Multimediadaten – das sind hier die Artefakte – sind digitale Wasserzeichen. Wir haben im Fraunhofer-Institut für Sichere Informationstechnologie unterschiedlichste algorithmische Lösungen entwickelt, um das ganze Spektrum von Multimediadaten, wie Bilder, Videos, Audio-Daten abzudecken. Die Idee dahinter ist im Kern immer die Gleiche: Sie haben einen Inhalt, ein Artefakt, den Sie schützen wollen, also betten Sie dort mittels eines geeigneten Einbettungsalgorithmus ein Wasserzeichen ein. Nach diesem Zeichen können Sie dann gezielt suchen, oder prüfen, ob es verändert wurde und damit auch das Artefakt, das es beinhaltet. Wichtig ist, dass die eingebetteten Zeichen robust sind, das heißt, wann immer Sie dieses Artefakt zum Beispiel transformieren, komprimieren etc., bleibt das Wasserzeichen erhalten. Wenn Sie beispielsweise ein markiertes Bild ausdrucken, dann soll das Zeichen auch im

Ausdruck noch nachweisbar sein und nicht einfach durch den Medienbruch verlorengehen. Natürlich soll das Zeichen auch unsichtbar sein. Es soll zum Beispiel beim Video oder bei Musikstücken nicht die Qualität verändern. Diese Art von Lösung wurde von uns bereits entwickelt; sie ist einsetzbar.

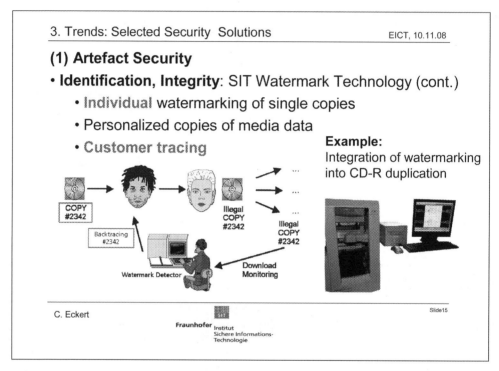

Bild 11

Wofür kann man die Wasserzeichentechnologie verwenden? Man kann sie zum Beispiel verwenden, um Kopierschutz durchzusetzen. Hierbei werden Artefakte individuell markiert. Eine derart individuell markierte Kopie besagt, dass es sich um eine autorisiert erstellte Kopie für einen bestimmten Benutzer handelt. Wenn nun von dieser Kopie weitere Kopien in Umlauf kommen, so tragen sie alle dieses benutzerspezifische Wasserzeichen, so dass wir mit unseren Suchsystemen genau identifizieren können, ob eine im Internet aufgetretene Kopie eine legale oder illegale Kopie ist. Diese Art von System kann man zum Beispiel in CD-Brennanlagen verwenden, um Kopierschutzmaßnahmen zu verbessern.

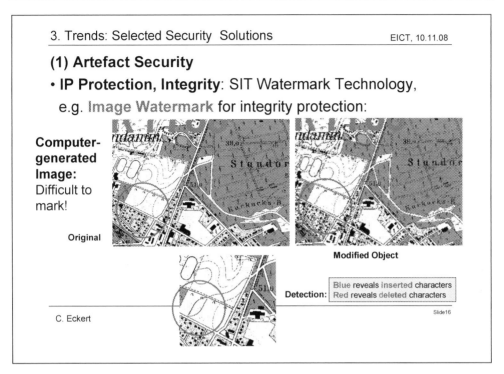

Bild 12

Was kann man noch mit Wasserzeichentechniken machen? Man kann zum Beispiel auch synthetisierte Bilder markieren, also zum Beispiel Bilder, die über Computer erzeugt werden. Synthetisierte Bilder sind sehr viel schwerer zu markieren, als Fotografien. In einem Foto ist es relativ einfach, zusätzliche Informationen einzubetten. Dies kann beispielsweise erfolgen, indem Farben der Farbskala verändert oder ganz kleine Bitänderungen vorgenommen werden, ohne dass das menschliche Auge dies bemerkt.

Bei synthetischen Bildern ist dies schwieriger, da diese nicht über eine so große Farbskala verfügen, so dass sich die Frage stellt, wo man etwas ändern kann, ohne dass es das Bild wirklich sichtbar verändert? Hier benötigt man clevere algorithmische Lösungen. Was wir entwickelt haben, ist ein smartes Wasserzeichen, das auch aufzeigt, wenn etwas verändert wurde und was genau verändert wurde. Das möchte ich hier an dem Beispiel auf der Folie klarmachen. Das Bild zeigt eine Landkarte aus dem Darmstädter Umfeld. Das Bild links ist die Originaldarstellung und das rechte ist eine gefälschte Landkarte. Ich kann natürlich solche Karten beliebig fälschen, aber in diese Karte haben wir ein Wasserzeichen eingebettet und man kann auf dem unteren Bild jetzt Fälschungen erkennen. Dazu benötigt man lediglich die gefälschte Karte. Wenn man diese mit unserem Wasserzeichenerkennungssystem verarbeitet, so wird, wie unten auf dem Bild dargestellt, aufgezeigt, welche Teile des Bildes entfernt und welche verändert bzw. hinzugefügt wurden. Eine blaue Linie besagt, dass an der Stelle etwas geändert wurde und eine rote Linie besagt, dass etwas eingefügt wurde.

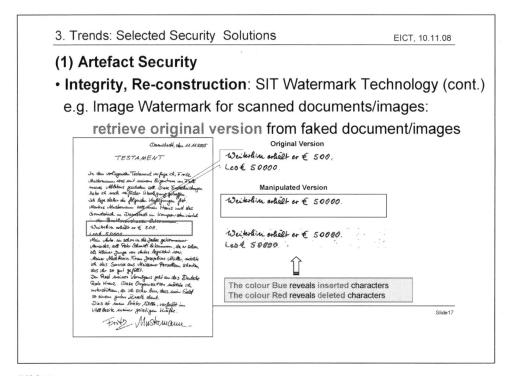

Bild 13

Noch schwerer zu schützen als synthetisierte Bilder sind Rastergrafiken wie beispielsweise eingescannte Texte. Hier stehen i.d.R. nur noch Schriftzeichen in schwarz-weiß als Ausgangspunkt für Einbettungsverfahren zur Verfügung. Aber auch hier kann man Wasserzeichen mit entsprechenden cleveren Algorithmen einbetten. Analog zum Beispiel von der vorherigen Folie, kann man beispielsweise ein Testament, wie auf der Folie angegeben, markieren. Laut dem Originalwortlaut werden Max Mustermann 500 Euro und Leo 50.000 Euro vermacht. Wenn nun Max Mustermann das Testament zu seinen Gunsten abändert, so können auch diese Veränderungen wieder analog zu vorhin aufgedeckt werden. Man erkennt an dem gefälschten Testament, welche Angaben entfernt und welche Angaben modifiziert wurden.

Wasserzeichen sind somit für spezifische Artefakte ein geeigneter Schutzmechanismus, um die Authentizität von digitalen Inhalten nachzuweisen oder auch um die Integrität zu prüfen.

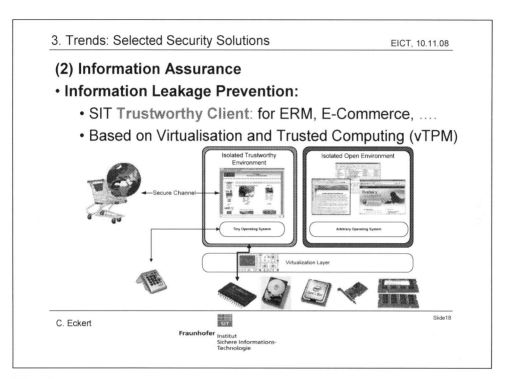

Bild 14

Im Bereich Information Assurance gibt es natürlich mittlerweile auch schon eine Reihe von Ansätzen, wie man die Fragen, die hier auftreten, lösen kann. Eine ganz wichtige Technologie dabei ist Trusted Computing mit dem Trusted Platform Module (TPM) als hardwarebasierte Sicherheitslösung. Das TPM liefert einen Vertrauensanker, auf den aufsetzend weitere vertrauenswürdige Services angeboten werden können. Ein weiteres Konzept, was seit vielen Jahren in der Informatik bekannt ist und genutzt wird, ist die Virtualisierung. Das heißt, mittels Virtualisierungskonzepten versucht man, verschiedene Bereiche eines Systems voneinander zu trennen und sie gegeneinander abzuschotten. Bringt man diese Konzepte in einer Architektur zusammen, wie wir das beispielsweise bei der Entwicklung einer vertrauenswürdigen E-Commerce-Anwendung gemacht haben, dann kann man dediziert auch auf unsicheren PCs vertrauenswürdige Umgebungen zur Ausführung von problematischen Anwendungen bereit stellen. Mit unserem Trusted

E-Commerce-Client lassen sich beispielsweise vertrauenswürdig ganze E-Commerce-Transaktionen abwickeln oder man kann auch einfach mit dem in einer abgesicherten Umgebung ausgeführten Browser im Internet surfen, ohne dass durch das unabsichtliche Herunterladen von Malware die Bereiche des Arbeitsplatzes außerhalb der abgesicherten Umgebung geschädigt werden.

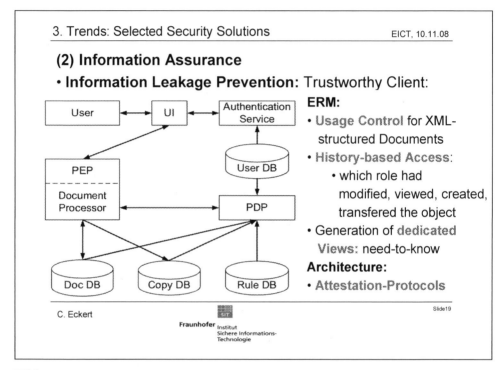

Bild 15

Als Proof of Concept haben wir eine noch umfassendere Architektur entwickelt, die basierend auf Trusted Computing und Virtualisierungskonzepten eine Lösung im Bereich des Enterprise Rights Managements bietet. Die Architektur stellt sicher, dass verteilt bearbeitete Dokumente nur nach der Policy verarbeitet werden, die der Besitzer des Dokuments festgelegt hat. Das heißt, die Architektur gewährleistet die Durchsetzung von Policy-Regeln auch auf fremden Systemen. Die Idee ist, dass auf den beteiligten Systemen eine Client-Software installiert sein muss, die als PEP (Policy Enforcement Point) dafür sorgt, dass die gemeinsam verarbeiteten Dokumente (z.B. CAD-Zeichnungen) nur regelkonform verarbeitet werden. Bevor nun ein Dokument auf ein Fremdsystem weiter gegeben werden darf, muss dieses Fremdsystem nachweisen, dass es diese Client-Software in einer vertrauenswürdigen Konfiguration installiert hat. In unserer Architektur verwenden wir hierzu erweiterte Attestierungsprotokolle, wie sie auch beim Trusted Computing zum Einsatz kommen. Deren Erläuterung führt hier zu weit. Ich will Ihnen nur aufzeigen, dass man mit vorhandenen Techniken Lösungen entwickeln kann, mit denen man einige der Probleme in den Griff bekommt. Das heißt, man muss nicht immer bei Null anfangen.

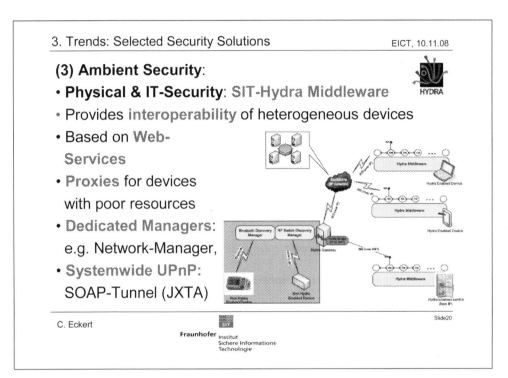

Bild 16

Als dritten Bereich hatte ich Ambient Security angesprochen. Ambient Security, was kann man da an Lösungen anbieten? Ich möchte Ihnen ganz kurz einen Lösungsansatz vorstellen, der im Rahmen eines Europäischen Projekts bei uns entwickelt wird. Hier haben wir eine Middleware konzipiert die das Ziel hat, heterogene Geräte zusammenzubringen. Beispielhaft werden in dem Projekt Anwendungen im Gesundheitsumfeld, aber auch im Heimumfeld entwickelt.

Betrachten wir das Heimumfeld. Was haben wir da an Geräten im Einsatz? Wir verwenden Kameras zur Raumüberwachung, elektronische Türschlösser, simple Rauchmelder, aber auch Bewegungssensoren, etc. Das sind ganz unterschiedliche Geräte, die nicht miteinander kommunizieren können. Das heißt, sie können keine

Daten austauschen, oder aber mit dem Mobiltelefon des Besitzers des Hauses kommunizieren und z.B. eine SMS versenden, um den Besitzer über ein Ereignis im Haus zu informieren.

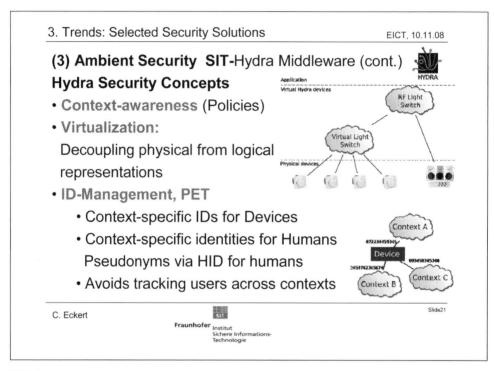

Bild 17

Wie kann man es schaffen, so eine Art Bindeglied zu bauen, so dass diese ganze heterogene Welt unter einem Dach zusammengeführt wird und unter diesem Dach auch wirklich sicher miteinander interagieren kann? Das war die Fragestellung hinter unserem Hydra-Ansatz. Zur Beantwortung dieser Frage nutzen wir wieder bekannte und zum Teil standardisierte Technologien, wie Webservice-Technologie, Peer-to-Peer-Technologie, um diese heterogene Welt zu verheiraten. Die Hydra-Middleware arbeitet Dienste-orientiert und stellt über einen Service-Bus eine Menge von Services in Form von Managern zur Verfügung.

Natürlich haben wir auch sehr einfache Geräte einzubinden, die eine komplexe Middleware gar nicht abwickeln können. Zur Lösung dieses Problems verwenden wir ebenfalls ein klassisches Konzept, wir nutzen Stellvertreter, also Proxys. Ein Proxy nimmt die Middlewarefunktionen stellvertretend für das ressourcenschwache Gerät wahr. Auf diese Weise können ganz unterschiedliche Geräte miteinander interagieren und insbesondere auch über einen ganz einfachen Plug and Play-Mechanismus in das Gesamtsystem eingebunden werden. Dieses Plug and Play haben wir so erweitert, dass er nicht nur in einem lokalen Netz funktioniert, sondern unter Verwendung von Tunnelmechanismen auch übers Internet hinweg genutzt werden kann.

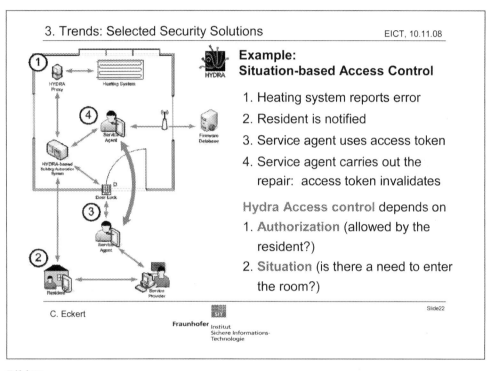

Bild 18

Was haben wir nun in dieses System an Sicherheitstechnologien integriert? Als spezielle Sicherheits-Services haben wir Manager entwickelt, die Kontextbewusstsein besitzen. Das heißt, die Manager wissen, welche Art von Geräte sie verwalten, was diese Geräte können, insbesondere welche Sicherheitsmechanismen sie unterstützen. Können sie beispielsweise ein X.509-Zertifikat verwalten oder können sie vielleicht nur Passwort-basierte Authentisierungsprotokolle abwickeln. Diese Kenntnis ist notwendig, damit man weiß, wie man dieses Gerät ansprechen muss. Welche Kontexte sind möglich? Hierzu haben wir so eine Art Pattern für Kontexte definiert. Beispielsweise einen Arbeitskontext, einen Notfallkontext und so weiter und im Rahmen dieser Kontexte können dann gewisse Berechtigungen vergeben, zurückgezogen, oder dynamisch frei geschaltet werden.

Wir verwenden zudem wiederum Virtualisierungskonzepte. Hier möchte ich vielleicht nur ganz kurz auf das Identitätsmanagement eingehen. Hier geht es darum, einzelne Komponenten eindeutig zu identifizieren. Die Idee hierbei ist, spezifische Identifikatoren zu vergeben, so dass die Geräte, von einzelnen kleinen Sensoren über Laptops bis hin auch zu den Benutzern in einem bestimmten Kontext eine Identifikation bekommen. Identitäten sind damit kontextabhängig. Das heißt, das gleiche Gerät kann, wenn es in einem anderen Kontext auftritt, eine andere Identität haben. Damit haben wir natürlich auch versucht, das Privacy-Problem wenigstens ein Stück weit zu adressieren. Wenn das Gerät in dem einen Kontext ist, dann heißt es eben ganz anders als wenn es in dem anderen Kontext verwendet wird und dazwischen gibt es keine Verbindung. Eine Erstellung eines Bewegungsprofils, ein Tracken und Tracen soll auf dieses Weise verhindert werden.

Bild 19

Was kann man damit machen? Die entwickelte Technologie kann in verschiedensten Szenarien eingesetzt werden. Als Beispiel-Szenario haben wir eine Heimumgebung miniaturisiert in Lego nachgebaut, wobei wir für die verwendeten Geräte, wie die Sensoren, Standardequipment im Original verwendet haben.

Als Beispiel können wir folgendes Szenario betrachten: Ein Sensor an der Heizungsanlage erkennt, dass die Heizung nicht anspringt. Er nimmt daraufhin eine Verbindung über Mobilkommunikation zum Handy des Hausbesitzers auf und schickt ihm eine SMS. Jetzt können weiter Interaktionen, die vom Nutzer selber angestoßen werden, stattfinden. Aus Sicherheitssicht sicherlich interessant ist, dass beispielsweise on-demand und ad hoc ein Access Token für das Türschloss dieses Hauses generiert werden kann, so dass der Servicetechniker Zutritt zum Haus bekommt. Das Token gewährt Zugang nur für eine gewisse Zeit und nur zu gewissen Räumlichkeiten in diesem Haus, um Reparaturmaßnahmen wahrzunehmen. Alle Aktivitäten des Technikers werden zudem aufgezeichnet. Und sobald der Servicetechniker das Haus wieder verlässt, erlischt dieses Token, ein erneuter Zutritt ist nicht möglich.

Das ist einfach mal eine Idee um zu zeigen, wie diese ganzen Geräte zusammenarbeiten: der Heizungssensor mit dem Handy zur Ereignismeldung, oder aber auch das elektrische Türschloss mit dem PDA des Servicetechnikers, die die Credentials (Token etc.) austauschen und prüfen und so weiter.

---

3. Some open Challenges   EICT, 10.11.08

Some Open Challenges

- **Privacy** Enhancing Technology:
  - Look-up & Search Services on Encrypted Data
- **Enhanced** Malware Detection
  - Adaptation of Data Mining Techniques
- **Enhanced** IT Forensics
  - Searching Huge Log Files, Audit Evidences
- **Enhanced** Embedded Security
  - Security for Resource-restricted Items
- **Enhanced** Component Identification
  - Using Physical Unclonable Function (PUF)

C. Eckert   Slide24

Fraunhofer Institut
Sichere Informations-
Technologie

Bild 20

Es gibt also bereits eine Vielzahl von Lösungsansätzen, um die aufgezeigten Problembereiche anzugehen. Aber es gibt auch noch viele Bereiche mit offenen Fragen. Ich will nicht auf alle Punkte auf der Folie eingehen, sondern lediglich auf eine Fragestellung, die ich persönlich auch sehr spannend finde. Wir kennen alle Biometrie. Wir kennen alle biometrische Verfahren, um Menschen zu identifizieren. Hier ist die Frage, ob es so etwas Analoges auch für Hardwarekomponenten gibt. Haben die Geräte eine eindeutige physikalische Eigenschaft, so dass ich diese erfassen kann und damit die Identität von Komponenten beweisen kann? Die Antwort ist, ja, zumindest für einige Klassen von Komponenten kann man das so machen. Wir haben so eine Identifizierungs-Lösung für hochpreisige Objekte entwickelt, indem wir mittels Laserscans die Oberfläche abscannen und aus der Struktur des Objekts eindeutige Identifizierungsmerkmale extrahieren. Das ist aber eine sehr teure Technologie, die man bestimmt nicht für alle möglichen Komponenten einsetzen kann.

Die Frage lautet: Was kann man hier an preiswerter Lösung entwickeln? PUFs (Physical Unclonable Functions) sind interessante Ansätze hierzu. Die sind aber noch nicht so weit, dass man sie wirklich vernünftig einsetzen kann. Das wäre interessant, hier weiter zu forschen.

Weitere offene Themenfelder wurden auch gerade schon von Ihnen, Herr Dietz, angesprochen. Themen wie IT-Forensik erfordern ebenfalls noch weiteren Forschungsbedarf. Nämlich die Frage, wie führe ich, im Falle eines Sicherheitsproblems oder Verdachts auf Missbrauch, auf den involvierten Rechnern eine Spurensuche und -sicherung durch, ohne vorhandene Spuren zu verändern. Welche Spuren kann ich finden, wo werden Spuren hinterlassen und wie kann ich die riesigen Datenmengen intelligent und effizient nach Auffälligkeiten durchsuchen. Wie kann ich mit hoher Treffergenauigkeit feststellen, was passiert ist, was die Ursache war und wer der Urheber war? Es sind schon ganz gute Lösungen auf dem Markt, aber das reicht bei Weitem noch nicht, um tatsächlich gerichtsevidente Nachweise zu liefern. Auch hier braucht man noch neue Ansätze und bis hin natürlich auch zur Entwicklung neuer Ansätze zur verbesserten Malwareerkennung. Neue Techniken, wie Data-Mining-Ansätze sind hierbei interessant, um Techniken, die man aus dem maschinellen Lernen kennt, in die Welt der IT-Sicherheit zu übertragen.

Take Home Message

Internet of the Future

- The Internet of smart Things and Services
  Enables Smart Applications
- But: Raises lots of new Security Issues
- Trends in IT-Security: Technologies, Architectures, Protocols
  - Artefact Security,
  - Information Assurance,
  - Ambient Security
- Innovative Solutions are already available (Fraunhofer SIT)
- But, still lots of open challenges to address

C. Eckert Slide26

Fraunhofer Institut
Sichere Informations-
Technologie

Bild 21

Was sollte man mitnehmen? Die IT ermöglicht uns wunderschöne Applikationen, dieses Internet of Things and Services, das offene Netz mit all den Kombinations-möglichkeiten, mit den smarten Geräten, die uns unterstützen, die uns unaufdring-lich begleiten, das ist eine schöne Vision. Aber diese Welt bringt eben auch einiges an Sicherheitsrisiken mit sich, wenn wir diese IT nicht beherrschen.

Ein erster Schritt zur Beherrschbarkeit besteht darin, diese Komponenten, diese Artefakte abzusichern, indem man sie nicht nur smart, sondern auch sicher macht. Man benötigt Sicherheitstechnologien, so dass die Artefakte sicher identifiziert werden können, und dass sie nachweislich integer sind, also nicht kompromittiert sind. Wir brauchen neue Architekturen und Technologien, um das Data Leakage Problem in den Griff zu bekommen, damit die Offenheit der Welt, in der wir arbei-ten, uns nicht immer verletzlicher macht. Das heißt, dass wir dafür sorgen müssen, dass die Objekte, Daten und Komponenten bei der Weitergabe an Dritte von die-sen auch nur so verwendet werden, wie wir das gerne wollen. Wir brauchen neue Protokolle und Architekturen, damit das sichergestellt wird.

Die Frage der Ambient Security, also der nahtlosen Sicherheit über alle Komponen-ten hinweg, ist natürlich nach wie vor eine große Herausforderung. Middlewareansätze, wie ich sie kurz vorgestellt habe, basierend auf Webservices, Peer-to-Peer-Technologien etc. liefern eine gute Basis, aber hier sind wir sicherlich noch an einem Punkt, wo noch weitere Forschungsaktivitäten notwendig sind. Insbesondere sind auch Usabilityfragen noch viel stärker zu bearbeiten.

Also, es bleiben noch eine Menge offener Fragen, zu deren Beantwortung auch neue Lösungen notwendig sind, so dass ich mich sehr freue, dass das Bundesforschungsministerium dies auch so gesehen hat und viele wichtige Themen auf der zukünftigen Forschungsagenda ihren Niederschlag finden.

Ich bedanke mich für Ihre Aufmerksamkeit.

6 Elektronische Citizen Cards in Deutschland und Europa

Bernd Kowalski

Meine sehr geehrten Damen und Herren, der Bedarf an elektronischen Identitäten entsteht durch die wachsende Mobilität der Gesellschaft bei einem gleichzeitig steigenden Bedarf an Onlinepräsenz. Diese elektronischen Identitäten machen natürlich auch vor den staatlichen Ausweisen nicht halt, wie zum Beispiel dem Reisepass, aber auch dem Personalausweis und weiteren Ausweisdokumenten. Wobei es bei den staatlich herausgegebenen oder kontrollierten Ausweisen immer um zwei verschiedene Dinge geht: Einmal um die hoheitliche Funktion, wie zum Beispiel beim Reisepass. Hier geht es zum Beispiel darum, in einem Europa mit gefallenen Grenzen und bei freiem Reiseverkehr für alle Personen, die in diesem Raum wohnen, insbesondere auch im Schengener Raum, die Möglichkeit zu schaffen, auch künftig noch Personenkontrollen durchzuführen. Auch der Reiseverkehr über die europäischen Grenzen hinaus ist insofern ein Problem, da die Identitätenprüfung an den Grenzkontrollen immer schwieriger wird. Deswegen braucht man an dieser Stelle Möglichkeiten, um eine Personenüberprüfung durchzuführen, um feststellen zu können, dass diese Person auch zum Dokument gehört.

Bild 1

Dazu braucht man einen elektronischen Reisepass und die entsprechenden dazu-gehörenden biometrischen Merkmale. Darüber hinaus bieten die hoheitlichen Ausweise, insbesondere der künftige Personalausweis, auch die Möglichkeit, die-ses Ausweisdokument im Onlineverkehr zu verwenden. Allerdings mit großen Einschränkungen. Biometrische Merkmale werden dort nicht eingesetzt und die Verwendung dieser elektronischen ID-Funktion ist zudem für den Bürger freiwil-lig.

Schauen wir uns einmal die Kartenanwendungen der Bundesregierung an. Es gibt da eine ganze Reihe von Kartenanwendungen, die im Zuge der Anwendung von elektronischen Identitäten in den letzten sechs oder sieben Jahren geplant wurden, bzw. bereits entstanden sind. Einige davon sind kartenbasierte Anwendungen, wie zum Beispiel der Personalausweis oder auch die Gesundheitskarte. Zur Gesund-heitskarte gehört ein komplexes Netzwerk, die Telematikinfrastruktur mit dem Heilberufler-Ausweis und einigen anderen elektronischen Identitäten, die dort verwendet werden. Daneben gibt es Anwendungen, Kartenanwendungen wie ELENA, den elektronischen Leistungsnachweis und Elster, die elektronische Steu-ererklärung, die mehr aus dem Prozess heraus den Einsatz von Karten notwendig machen. Und Sie sehen schon, diese Anwendungen werden von unterschiedlichen

Bundesressorts herausgegeben oder betreut und deswegen bestand die Notwendigkeit, diese Kartenanwendungen zu koordinieren. Und diesen Koordinierungsbeschluss, also das Versprechen innerhalb der Ressorts, sich hier abzustimmen, wurde in einem Kabinettsbeschluss vom März 2005 zusammengefasst und auch so umgesetzt. Zu dieser Koordination gehört natürlich die Abstimmung der technologischen Schnittstellen, so dass es möglich ist, dass ein Personalausweis mit anderen Kartenanwendungen kompatibel ist. Dazu gehört natürlich auch, dass man sich an internationalen Standards ausrichtet und auch eine Sicherheitsphilosophie verwendet, die anwendungsübergreifend genutzt werden kann.

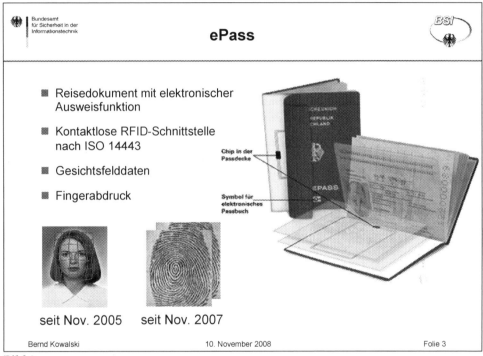

Bild 2

Bevor wir nun zum Personalausweis kommen: Eine wichtige Ausgangstechnologie für den Personalausweis war die Technologie für den Reisepass. Das ist die kontaktlose Technologie, die im Reisepass verwendet wird. Die werden wir auch im Personalausweis wiederfinden, basierend auf der ISO 14 443. Im Reisepass gibt es allerdings nur hoheitliche Funktionen mit den biometrischen Funktionen Gesichtsfelddaten und Fingerabdruck für die Grenzkontrolle. Der Ausweis wurde in zwei Stufen eingeführt, zunächst wurden nur die Gesichtsfelddaten erfasst und dann im zweiten Schritt zusätzlich die Fingerabdrücke. Die entsprechenden Ausweisbehörden in Deutschland, knapp 6.000 an der Zahl, sind mit den entsprechenden Erfassungseinrichtungen ausgestattet – dazu gehören der Fingerabdruckleser und Lesegeräte – wo der Bürger die Möglichkeit hat, den Inhalt des beantragten Reisepasses auch auszulesen. Der Reisepass ist nur für hoheitliche Anwendungen gedacht.

 Bundesamt
für Sicherheit in der
Informationstechnik

Der Personalausweis heute

▓ Ausstellung:
- Verpflichtend für Deutsche ab dem 16. Lebensjahres
- Auf Antrag: bereits für Kinder und Jugendliche jeden Alters

▓ Gültigkeit (seit 01.11.2007):
- Ab 24 Jahren: 10 Jahre
- Unter 24 Jahren: 6 Jahre

▓ Anwendung des Personalausweises:
- Hoheitlicher Identitätsnachweis bei Kontrollen
- Passersatz zur Einreise im Schengen-Raum
- Altersverifikation (z.B. Erwerb altersbeschränkter Waren)
- Identifikation und Legitimation im Geschäftsverkehr
  (z.B. Kfz-Mietvertrag, Check-in am Flughafen oder im Hotel)

Bernd Kowalski   10. November 2008   Folie 4

Bild 3

Der Personalausweis beinhaltet – was den hoheitlichen Teil angeht – im Prinzip die gleichen Funktionen wie der Reisepass. Er erhält aber zusätzlich noch die sog. eID-Funktion zur Verwendung bei Verwaltungs- und bei sonstigen Businessprozessen im Internet. Dabei geht der künftige Personalausweis auch von den Rahmenbedingungen des bisherigen Personalausweises aus. Wir haben hier also ab einem Alter von 24 Jahren eine 10jährige Gültigkeit des Ausweises und bis 23 Jahre nur eine 6jährige Gültigkeit. Das hängt mit dem Alter und mit der Änderung der entsprechenden biometrischen Daten der Inhaber zusammen. Das ist nachher auch ein wichtiger Punkt in Bezug auf die Ausbreitungsgeschwindigkeit des künftigen Ausweises. Diese bisherigen Funktionen bleiben im Wesentlichen auch erhalten, das heißt also, dieses Ausweisdokument behält seinen Charakter als Reisedokument und die zusätzlichen Features werden daneben gestellt.

Bild 4

Besteht überhaupt ein Bedarf an einem elektronischen Personalausweis mit eID-Funktion, also für Anwendungen im E-Business und im Verwaltungsbereich? Verschiedene Untersuchungen haben diese Notwendigkeit aufgezeigt. Es besteht ein Bedarf seitens des Benutzers, die Vielfalt an Passwörtern oder anderen Zugangstechnologien zu vereinfachen und die Möglichkeit zu haben, mit einem Ausweisdokument, nämlich einem Personalausweis, den man ohnehin praktisch überall mit hinnehmen muss, diese Funktion dann vorzunehmen.

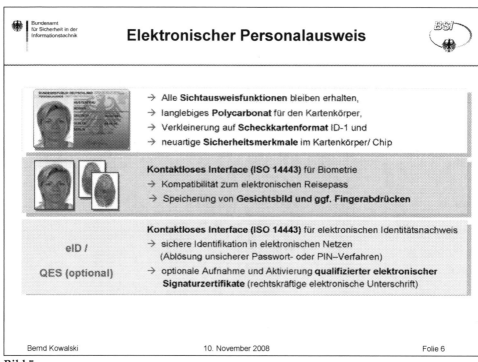

Bild 5

Der Ausweis hat also neben den hoheitlichen Funktionen eine Authentifikations- und eine Identifikationsfunktion. Zur Registrierung bei einem Webdienst zum Beispiel können Sie das komplette Namensprofil des Ausweises nutzen. Für weitere Zugänge zu diesem Dienst kann dann eine pseudonymisierte Authentifikationsfunktion verwendet werden. Die qualifizierte Signatur für rechtsverbindliche Prozesse ist als Option im Ausweis vorgesehen. Diese Funktion wird dadurch unterstützt, dass die Möglichkeit für die Erzeugung von Schlüsselmitteln für diese Funktion schon bei der Ausgabe des Ausweises vorgesehen ist. Allerdings muss der Bürger für diese qualifizierte Signatur dann nochmal zusätzlich ein Zertifikat erwerben. Das kann er online machen, er muss dazu nicht wieder zu seiner Meldestelle zurück.

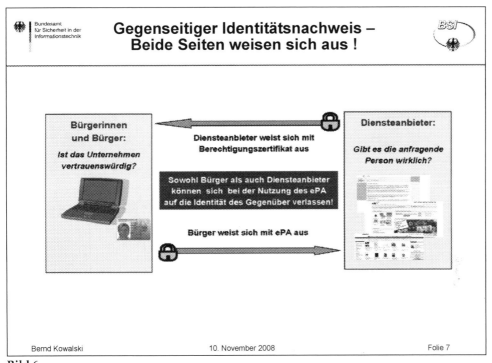

Bild 6

Wie sieht nun die Technologie des Personalausweises aus? Ich möchte das an einigen Beispielen erläutern, aber vorher noch ein ganz wichtiger Punkt: Im Personalausweisgesetz geht es nicht nur um die Sicherheit des Ausweisdokumentes, des Chips und damit auch die Möglichkeit für Dienstanbieter im Internet, dem Bürger besser und sicherer zu identifizieren und ihm einfachere Hilfsmittel dazu zu verschaffen. Es geht auch darum, dass die Sicherheit für den Bürger bei dem Aufruf eines Dienstanbieters im Internet gestärkt wird. An Dienstanbieter, die einen ePA als Identifikationsmittel und als Zugangsmittel nutzen dürfen, werden hohe Anforderungen gestellt. Er muss ein seriöser Dienstanbieter sein. Dazu sind Kriterien zu definieren, die das letzten Endes festlegen. Er erhält ein Berechtigungszertifikat und mit diesem Berechtigungszertifikat muss er sich gegenüber einem ePA-Inhaber, also gegenüber einem Bürger, ausweisen, bevor die Daten aus dem Ausweis dann auch dem Dienstanbieter für die Erbringung von Dienstleistungen zur Verfügung gestellt werden. Sie sehen also, mit der Einführung des elektronischen Personalausweises ist ein Anheben des Sicherheitsniveaus im Internet insgesamt vorgesehen. Im Zentrum aller Bemühungen stand auch, dass den entsprechenden Datenschutzanforderungen und auch der Minimierung der Identitätsdaten, die im Internet verbreitet werden, eine wichtige Rolle beigemessen wird.

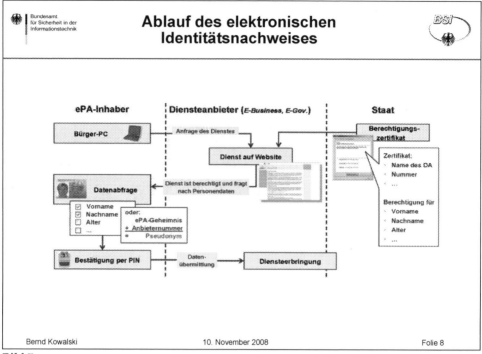

Bild 7

Hier mal ein Identitätsnachweisprozess im Einzelnen. Auf der rechten Seite sehen Sie die Herausgabe eines Berechtigungszertifikates an einen Dienstanbieter im Internet durch eine entsprechende staatliche Stelle. Dieses Berechtigungszertifikat wird dann auf der Website integriert und kann von dort aus benutzt werden. Dann schauen wir uns folgendes Szenario an: Der Bürger möchte gerne einen Zugang zu einer Dienstleistung haben. Es wird überprüft, ob der Dienstanbieter im Besitz eines Berechtigungszertifikates ist und auf einen ePA zugreifen darf. Das testet oder untersucht der ePA autark im Chip. Das wird also nicht mit der Software auf dem PC irgendwo gemanagt, sondern das kann der ePA selbst feststellen. Und erst wenn die Berechtigung nachgewiesen ist, werden die entsprechenden Daten, die vom Dienstanbieter verlangt werden, dann in verschlüsselter Form, also für andere oder für Dritte unsichtbar, übersandt. Der Umfang der Daten, das Datenprofil richtet sich nach den Wünschen des Dienstanbieters. Er muss das nach diesen sogenannten Nutzerprofilen dann auch beantragen. Es gibt Berechtigungszertifikate, mit denen Sie zum Beispiel nur das Alter auslesen dürfen, oder Berechtigungszertifikate, die auch den kompletten Namen mit Adresse beinhalten. Dieser Prozess führt dann nach erfolgreicher Authentikation auf beiden Seiten dazu, dass dann durch Eingabe der PIN die entsprechende Datenübermittlung für die gewünschten Daten stattfinden kann. Die Herausgabe der kompletten Identifizierungsdaten wird allerdings nur bei der Registrierung bei einem Dienstleister benötigt. Das kann auch später noch erfolgen. Danach kann der Dienstanbieter mit dem speziellen, individuellen ePA ein Pseudonym vereinbaren, was aus einem Geheimnis des ePA und einer entsprechenden Diensterkennung auf Seiten des Dienstanbieters erzeugt wird. Es genügt dann jeweils, eine Authentikation durchzuführen, die dann jeweils auf die Daten referenziert, die beim Dienstanbieter hinterlegt sind.

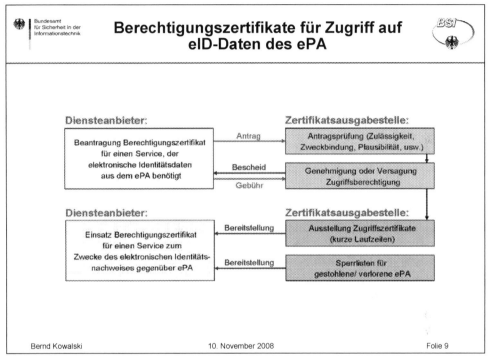

Bild 8

Was die Herausgabe der Berechtigungszertifikate für die Dienstanbieter angeht, haben wir hier zwei Prozesse zu betrachten. Zum einen stellt der Dienstanbieter bei einer staatlichen Stelle den Antrag auf Herausgabe eines Berechtigungszertifikates. Dort werden entsprechende Prüfungen durchgeführt, die noch im Detail festzulegen sind. Danach wird dann das Berechtigungszertifikat zugestellt. Dafür gibt es einen Bescheid gegen eine entsprechende Gebühr. Zum anderen werden, nachdem die Berechtigung hergestellt ist, von der Zertifikatsausgabestelle laufend aktuelle Berechtigungszertifikate an den Dienstanbieter herausgegeben, die relativ kurze Laufzeiten von wenigen Tagen oder Wochen haben werden. Das spart an dieser Stelle die komplizierte Verteilung von Sperrlisten. Zusätzlich erhält die Zertifikatsausgabestelle aber auch Sperrlisten für gestohlene oder verlorene ePAs, die zum Beispiel bei den Meldeämtern gemeldet werden. Auch diese Informationen sollen zur Verfügung gestellt werden, damit ein Dienstanbieter erkennen kann, ob ein Personalausweis gestohlen wurde und ob jemand online unberechtigterweise Zugang erlangen möchte.

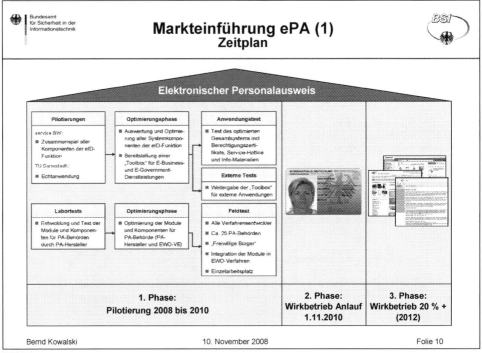

Bild 9

Wie sieht es mit dem Einführungszeitplan des Personalausweises aus? Sie haben sicher in den Medien gehört, 1.11.2010 ist der geplante Termin. Das bedeutet natürlich eine lange Vorbereitungszeit, die eigentlich schon vor eineinhalb Jahren begonnen hat. Wir haben auch hier eine sehr intensive Zusammenarbeit in Deutschland mit den deutschen Herstellern gehabt, die schon beim Reisepass sehr gut funktioniert hat. Diese gute Zusammenarbeit haben wir auch bei der Vorbereitung des Personalausweises fortgesetzt. Geplant ist, ab Anfang 2009 eine Pilotierungsphase zu starten. Bisher gibt es einige technische Piloten, wie zum Beispiel an der TU Darmstadt oder das Projekt der T-Systems in Baden-Württemberg, wo erste Integrationen von Testmustern, von Ausweisen vorgenommen wurden, um die Technologie zu testen und die Komponenten so weit zu bringen, dass sie eine Marktreife erreichen, um damit auch in Pilotanwendungen eingesetzt werden zu können. Diese Pilotierungsphase wird bis zum Einführungszeitraum dauern.

Hierbei sind zwei verschiedene Pilotierungsbereiche zu unterscheiden. Zunächst einmal haben wir hier die Schiene der Erfassungsbehörden, bei der 5.400 Melde- ämter von etwa 20 Verfahrensentwicklern betreut werden, die zum Beispiel das Einwohnermeldeverfahren dort bereitstellen; und die Prozesse für den Personal- ausweis müssen genauso wie für den Reisepass integriert werden in diese Melde- verfahren der Meldebehörden. Das ist ein sehr komplizierter Prozess, weil eben jede Kommune ganz andere Verhältnisse hat. Wir haben hier allerdings schon ei- nige Erfahrungen bei der Einführung des Reisepasses sammeln können. Also, erst diese Testphase für die Erfassungsseite, Labortests bei den Verfahrensentwicklern, dann der Einsatz in ersten Testkommunen bis hin zum Feldtest, der dann zum 1.11.2010 mit Umschaltung in den Wirkbetrieb endet.

Bild 10

Der zweite Pilotierungsbereich ist natürlich der Anwendungsbereich. Hier gibt es schon eine Reihe von Interessenten, Anbietern im Internet, die diese Technologie erproben möchten und hier besteht eigentlich die ganz große Herausforderung des Projekts: Die Technik, die bereits jetzt in Prototypen und Vormustern vorhanden ist, fit zu machen und für den Einsatz des Wirkbetriebs zu erproben.

Wir unterscheiden von der Verbreitung und von der Wirkungsweise im Markt zwei verschiedene Phasen des Wirkbetriebes. Zunächst einmal werden die ersten Ausweise herausgegeben. Wenn der Ausweis eine Verbreitung von 20% im Markt hat, tritt der Effekt ein, dass ein Anbieter einfach den Ausweis unterstützen muss, um – zumindest gehen wir davon aus – dem Kundenwusch nach Nutzung des Personalausweises im Internet bei Onlinediensten auch entsprechen zu können. Wir gehen davon aus, dass das schon zu einem relativ frühen Zeitpunkt, etwa 2012, der Fall sein wird. Die Verbreitung des Personalausweises hängt natürlich direkt von seiner Laufzeit ab, von seinem Lebenszyklus. Wir sehen hier die Laufzeit von 10 Jahren, das heißt also nach 10 Jahren, also 2020, wäre dann der Personalausweis im worst case komplett aufgerollt. Allerdings wird sich dieser Zeitpunkt weiter nach vorne verschieben, einmal dadurch, dass wir in der Gruppe bis 24 Jahren nur eine 6jährige Laufzeit haben. Zusätzlich gehen wir davon aus, dass wir in den Altersgruppen 14 bis 49 einen sehr hohen Mobilitätsbedarf und auch eine sehr starke Internetnutzung haben werden. Dort wird auch der Bedarf bestehen, sich einen elektronischen Ausweis vorher zu verschaffen, bevor der alte Ausweis abgelaufen ist. Das ist natürlich der Effekt, den wir uns alle erwünschen, dass dieser Punkt anstatt 2020 wesentlich früher eintrifft und das würde dann auch für den Zeitraum 2012 bzw. für die 20% Verteilung ebenfalls gelten.

Bundesamt
für Sicherheit in der
Informationstechnik

Komponenten für die eID-Funktion des elektronischen Personalausweises

Gesetze, Verordnungen, Technische Richtlinien, Spezifikationen

| eCard | Terminal | Middleware | Zertifikat | Support |

eCard-API Framework

online offline

Chip-OS

ZDA

Hotline

eID - A p p l i k a t i o n (E-Business/ E-Government)

Bernd Kowalski   10. November 2008   Folie 12

Bild 11

Neben dem Ausweisdokument selber sind für den erweiterten Anwendungsbereich verschiedene Komponenten und Dienstleistungen erforderlich, die eine erfolgreiche Umsetzung des Ausweises benötigen. Das ist in dem Ausweisdokument das Thema Kartenterminals. Wir haben bei der kontaktlosen Technik nicht nur neue sicherheitstechnische Aufgaben zu meistern, die zum Teil natürlich durch den ePass schon gelöst sind. Allerdings haben wir auch hier neue Freiheiten, wir können Lesereinrichtungen, Leserschnittstellen formatfrei gestalten, das heißt also, damit werden Kartentechnologie, Smart Card-Technologie und ihre Sicherheitseigenschaften erstmals auch problemlos bei mobilen Geräten nutzbar. Das gilt auch für die Automatenindustrie, wo solche Schnittstellen integriert werden können. Wir wollen natürlich auch mit bestimmten Kartenterminalvarianten die anderen im Markt befindlichen Karten unterstützen, wie zum Beispiel die Kartenterminals mit PIN Pad und der Möglichkeit, die qualifizierte Signatur zu unterstützen. Der Bürger soll mit solchen Kartenlesern wie hier gezeigt auch in der Lage sein, zu Hause die eGK und den Personalausweis gleichzeitig zu bedienen. Support, Services und Hotline für den Bürger, wenn er Probleme mit dem Personalausweis hat, sind natürlich ein Muss. Das gehört zum Servicegedanken, zum Anspruch des Bürgers dazu. Deswegen werden auch diese Dienstleistungen in den Pilotanwendungen mit betrachtet.

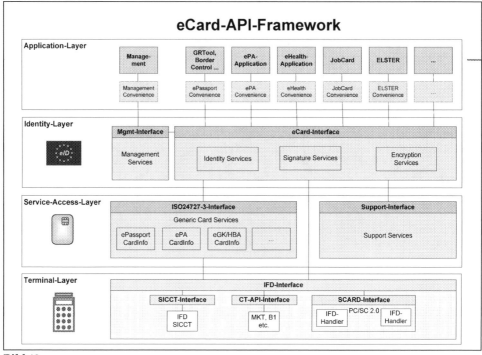

Bild 12

Eine ganz wichtige Komponente ist die Middleware, das eCard-API-Framework. Es steht sozusagen – wenn Sie sich einmal den Bürgerclient, den PC des Bürgers vorstellen – zwischen der Anwendung und der Hardware der Chipkarte, also des Personalausweises und dem Kartenleser. Ich will das jetzt nicht im Einzelnen erläutern. Entscheidend ist nur, dass hier in einer solchen Software natürlich auch sicherheitsrelevante Prozesse ablaufen, je nachdem, um welche Anwendung es sich handelt. Vor allen Dingen wenn es um Verschlüsselung von Daten geht oder um die qualifizierte Signatur, geht es um die Abwicklung sensitiver Prozesse auch in der Software. Im Markt sind solche Softwarekomponenten mit Middlewarecharakter nicht unbekannt. Die Signaturanwendungskomponente ist vielleicht einigen von Ihnen geläufig. Diese Software muss nach den Anforderungen des Signaturgesetzes bestätigt und zertifiziert sein, wenn sie vom akkreditierten Anbieter von Zertifikaten herausgegeben wird. Aber auch auf Kundenseite wird diese Sicherheitsprüfung mehr und mehr gefordert. Allerdings ist diese Prüfung aufwendig und es ist notwendig, dass wir hier Möglichkeiten schaffen, dass zum Beispiel Änderungen an der Kartenhardware, an Versionen der Kartenleser keine Änderung der sicherheitsrelevanten Komponenten dieser Software benötigen, so dass hier eine einfache Releaseverwaltung stattfinden kann, ohne aufwändige Reevaluierung oder Zertifizierungsprozesse.

Zur Anwendung hin muss diese Middleware eine einfache Schnittstelle bieten. Hier oben haben wir es mit Anwendungsprogrammierern zu tun, die zum Teil weder etwas von Chipkartentechnik und schon gar nicht von speziellen Sicherheitseigenschaften oder komplizierten Prozessen der Karten selbst verstehen und die sich auf die Entwicklung ihrer Anwendung selbst konzentrieren können sollen. Diese Middleware dient auf der einen Seite für die Ankopplung der entsprechenden Kartenhardware und auch für die Realisierung einfacher Schnittstellen für die Anwendung.

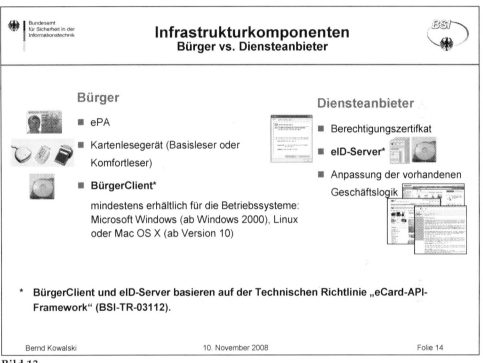

Bild 13

Middleware wird auf beiden Seiten benötigt, sowohl beim Dienstanbieter auf der Serverseite als auch beim Bürger auf der Clientseite. Hier sehen Sie noch einmal diese Komponenten, Leseeinrichtungen, Middleware, die wir hier mal populär Bürgerclient genannt haben. Dieser Bürgerclient muss natürlich auf verschiedenen Betriebssystemen und Plattformen laufen, auch auf denen, die im Markt verbreitet sind und für den Zugang zu Onlinediensten benötigt werden. Auf der Serverseite haben wir etwas andere Verhältnisse. Hier haben wir natürlich ein Problem, wenn ein Betreiber eines Hostsystems, eines Webservers zum Beispiel, den ePA nutzen möchte. Dann wollen wir vermeiden, dass er in seiner Software, in seiner speziellen Serverlösung selbst die Anpassungsaufwände betreiben muss. Das wäre sehr zeitaufwendig und sehr fehleranfällig und deswegen müssen hier Lösungen bereitgestellt werden, die eine schnelle Integration dieser ePA-Anpassung ermöglichen.

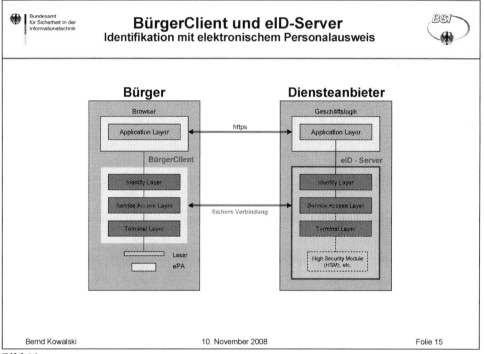

Bild 14

Hier nochmal ein Übersichtsbild über die „Lage" dieser Middleware. Auf der Clientseite stehen Leseeinrichtung und ePA. Auf der Serverseite haben wir ebenfalls die gleiche Middleware in derselben Struktur. Hier sind allerdings die entsprechenden Schlüsselmittel, die ja Grundlage für das Berechtigungszertifikat sind, entweder in Software gespeichert oder sie sind, was wahrscheinlicher ist, in sogenannten Hardwaresicherheitsmodule gespeichert, die dort die Chipkarte ersetzen. Hardwaresicherheitsmodule haben natürlich eine wesentlich höhere Performance als Kartenleser. Das ist auch erforderlich, wenn zum Beispiel eine Vielzahl von ePA-Zugängen von dem Server abzuwickeln sind.

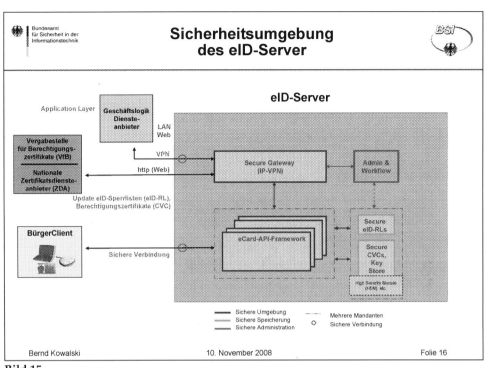

Bild 15

Hier sehen wir eine etwas detailliertere Beschreibung eines sog. eID-Servers. Der eID-Server ist auf der Seite eines Anbieters, also dort, wo seine Technik betrieben wird, eine eigenständige technische Komponente. Einmal aus sicherheitstechnischer Sicht, und dazu gehört vor allen Dingen auch, dass ein solcher eID-Server mandantenfähig sein soll. Also wenn ein Unternehmen zum Beispiel Webhostingservices anbietet und einen solchen eID-Server einsetzt, kann dieser eID-Server für verschiedene gehostete Webservices verwendet werden. Nach außen sind dann die klassischen Schnittstellen zum Webserver vorhanden und dann natürlich der Zugang zu den entsprechenden Dienstanbietern für Berechtigungszertifikate und die Zugänge für die ePAs, die dort Zugang erlangen. Sie sehen also, diese Kapselung, wie ich sie nenne, dieser eID-Server-Funktion führt dazu, dass Sie Standard-Webhostsysteme auf sehr einfache Art und Weise für ePA-Fähigkeit aufrüsten können. Sie sehen auch hier die eben schon einmal geschilderten Funktionen: sichere Revocationlists, hier sind die Sperrlisten für die gesperrten Personalausweise und hier sind die Zertifikate, die Berechtigungszertifikate, die permanent erneuert werden müssen. Dies alles erfolgt natürlich in einer Umgebung, die einen sensiblen Umgang mit den hier vorhandenen Daten erfordert und auch sensible Prozesse beinhaltet. Also auch aus sicherheitstechnischer Sicht ist diese Kapselung sinnvoll.

**Europäische Perspektive:
eID Large Scale Pilot**

> ▓ EU-Rahmenprogramm für Wettbewerbsfähigkeit und Innovation (CIP)
>   → Unterprogramm: IKT-Förderprogramm (ICT PSP)
>   → eID LSP (Pilot Type A) bündelt nationale eID-Initiativen
>
> ▓ Übergreifendes Ziel: eine europaweite eID Infrastruktur (pan-european eID
>   management (eIDM) backbone)
>
> ▓ Strategische Ziele des eID LSP
>
>   ● Beschleunigung der Entwicklung von eID für öffentliche
>   Behördendienste
>
>   ● Koordinierung von nationalen und europäischen Initiativen
>
>   ● Test von sicheren und bedienungsfreundlichen eID-Lösungen
>
> → Aufbau von europäisch interoperablen, nationalen Piloten

Bernd Kowalski	10. November 2008	Folie 17

Bild 16

Ja, werfen wir zum Schluss noch einen Blick auf Europa. Der Personalausweis entsteht natürlich nicht auf der grünen (deutschen) Wiese. Viele andere europäische Staaten haben schon ähnliche Projekte gestartet mit mehr oder weniger großen Erfolgen. Man muss dazu sagen, die Europäische Kommission hat hier keine Regelungsbefugnis für diese Schengenausweise, also für den Personalausweis. Deswegen sind das nationale Angelegenheiten, das heißt jedes Land macht seine eigene Gesetzgebung dazu. Die einen geben eine Bürgerkarte heraus und die anderen machen eine Kombination aus hoheitlichem Ausweis und ID-Funktion, so wie wir. Aber die Europäische Kommission finanziert ein Projekt aus dem CIP-Programm heraus, das sog. STORK-Projekt. Das ergibt jetzt keinen besonderen Sinngehalt, aber der Storch, der hier als Geburtshelfer oder Transporteur dient, soll eben die ID-Harmonisierung in Europa beflügeln. Sinn dieser ganzen Aktion ist, dass sich die europäischen Staaten zusammentun und sich absprechen bei der Einführung ihrer ID-Lösungen. Hintergrund ist zum Beispiel die EU-Dienstleistungsrichtlinie. Dort möchte man erreichen, dass ein Bürger oder ein Gewerbetreibender aus einem beliebigen Standort in Europa Zugang zur E-Government-Dienstleistung seines Landes hat. Und er kann über diesen Single Point of Contact auch Dienstleistungen in anderen europäischen Ländern in Anspruch nehmen. Das ist vielleicht eher eine europäische Vision als eine europäische Wirklichkeit, die man in zwei oder drei Jahren schon haben kann, aber Voraussetzung dafür ist, das man sich abstimmt, wie denn die Identifizierungs- und Authentikationsmechanismen aussehen müssen, die man in Europa für so eine Dienstleistungsrichtlinie benötigt.

An diesem STORK-Projekt sind insgesamt 14 Länder beteiligt. Natürlich sind nicht alle Länder in der gleichen Situation. Es gibt einige Länder, die schon sehr früh solche Kartensysteme herausgeben. Dazu zählen zum Beispiel Frankreich, Deutschland, Belgien und Österreich. Und es gibt andere, die erstmal abwarten, was denn andere europäische Länder da tun, um sich dann das für sie bessere Konzept auszusuchen. In diesem Zusammenhang gibt es auch die Normungsaktivität der European Citizen Card, die bei CEN TC 224 stattfindet. Dort sind wir seit einiger Zeit beteiligt und haben auch maßgeblich an diesem Standard mit großer Unterstützung unserer Industrie teilgenommen. Und wir hoffen auch, dass wir unsere Vorstellungen hier in Europa durchsetzen können.

Im Folgenden möchte ich Ihnen zwei verschiedene Modelle dieser europäischen eID-Lösung vorstellen, wie sie in STORK derzeit diskutiert werden. Es gibt also zwei gegensätzliche Lager. Das ist immerhin besser als 26 gegensätzliche Lager. Für Europa schon ein großer Fortschritt, aber Sie sehen hier auch den Unterschied im Denken.

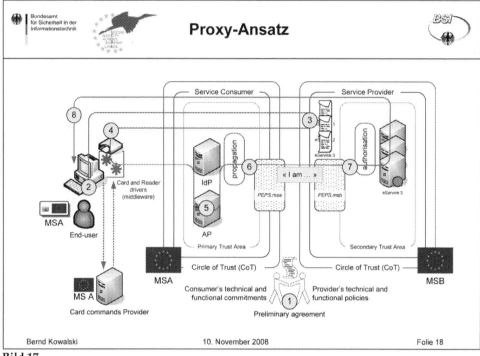

Bild 17

Hier sehen Sie das Proxy-Modell. Es wird von dem Gedanken getragen, dass man ja sowieso diese völlig unterschiedlichen heterogenen Techniken in Europa nicht einfach zusammenbringen kann und überall harmonisiert, von der Karte über die PC-Lösung bis hin zur Server-Lösung. Da machen wir doch einfach an den europäischen Grenzen Gateways – das sind diese sogenannten Proxygateways – und egal, was jetzt zum Beispiel auf dieser Seite stattfindet, wenn hier ein Bürger den Zugang zu einem Dienst in einem anderen Land beantragt, dann macht das Gateway hier die Übersetzung. Also es authentisiert praktisch den Bürger in seinem Auftrag an dieser Schnittstelle hier zum Gateway des anderen Landes. Dazu kommen dann Vorstellungen wie zum Beispiel in Frankreich: Es gibt einen zentralen Identityprovider, der unter dem Mandat des Staates arbeitet, denn die französische ID-Karte beinhaltet überhaupt keine Daten, ganz im Gegensatz zum Personalausweis, sondern nur Schlüssel. Hier muss man sich erst einmal identifizieren und dann werden zentral von einer Stelle die Identitätsdaten dem Provider oder dem Anbieter zur Verfügung gestellt. Das wäre für Deutschland völlig undenkbar, wenn Sie etwa unsere Datenschützer fragen. Die werden gleich abwinken, denn eine zentrale Sammlung von Identitätsdaten, eingebunden in die jeweiligen Geschäftsprozesse, ist hier nicht durchsetzbar und ich denke, von den Bürgern auch nicht gewollt.

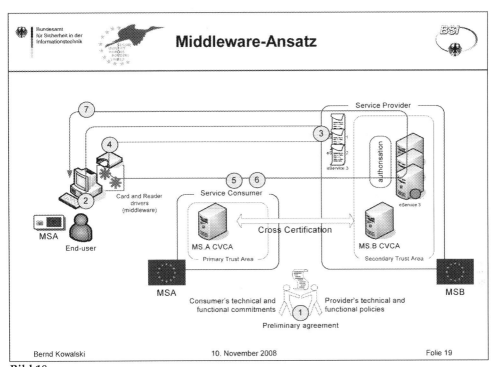

Bild 18

Das gibt es aber trotzdem in anderen Ländern und deswegen gibt es auch neben diesem sog. Proxymodell das sog. Middlewaremodell, den Middlewareansatz. Hier gehen wir davon aus, dass der Bürger den Zugang zu Dienstleistungen auch im Ausland direkt durchführt. Dafür gibt es auch ein gutes rechtliches Argument, denn viele E-Government-Dienstleistungen verlangen einfach eine unmittelbare Vertragsbeziehung oder Kommunikation eines Antragsverfahrens zum Beispiel zwischen dem Bürger und dem Staat. Dort wäre ein Proxymodell gar nicht durchsetzbar. Im Lager der Middlewarestaaten stehen derzeit vor allen Dingen Deutschland und Österreich, weil wir ja sehr ähnliche Rechtssysteme haben und sehr ähnliche Technologien verfolgen. Aber, das sollte an dieser Stelle auch nochmal deutlich gesagt werden: Der Personalausweis ist ein sehr bürgerzentriertes und ein sehr datensparsames Konzept, wo die Identitätsdaten so weit wie irgend möglich auf Seiten des Bürgers und unter seiner Kontrolle gehalten werden sollen. Deswegen vermeiden wir zentralistische Konzepte, wie wir das eben bei den Proxymodellen gesehen haben.

WP6.1 Cross-Border Authentication Platform for Electronic Services

Bundesamt
für Sicherheit in der
Informationstechnik

Arbeitspakete unter

deutscher Leitung:

Inventory Phase | Phase | Implementation Phase

▓ 6.1.1 eID tokens and e-services to be used

   ● Auswahl geeigneter eID Token und e-Services

   ● Definition von Vertrauenswürdigkeitsstufen (trust levels)

▓ 6.1.5 Implementation of Service-bw for Europe applications

   ● Anbindung des Service-bw durch zu Beginn des Projektes festzulegende Anwendungen

Weitere EU-Partner mit Portallösungen im WP6:

▓ Belgien (6.1.3), UK (6.1.4), Estland (6.1.6) und Österreich (6.1.7)

Bernd Kowalski   10. November 2008   Folie 20

Bild 19

Hier stehen noch einmal die Arbeitspakete. Das Projekt läuft bis zum Jahr 2011. Hier werden in der Inventurphase – die dauert etwa bis Mitte 2009 – Spezifikationen geschrieben, dann werden Implementierungsarbeiten gemacht und anschließend werden im WP6 dann sog. Piloten betrieben. Dazu gehört das Serviceportal Baden-Württemberg, was wir bereits in einem technischen Vorpiloten ausgestaltet haben. Das haben wir also hier als Beispiel für unsere Anwendung in Deutschland in dieses Projekt mit eingebracht.

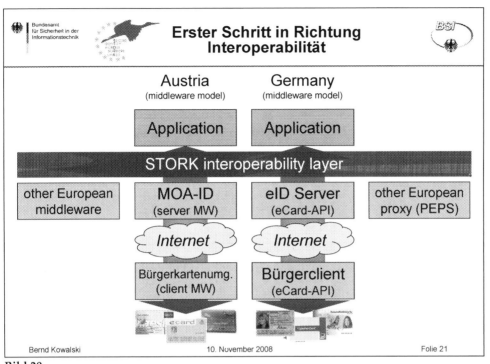

Bild 20

Hier nochmal das abschließende Bild für diese europäische STORK-Initiative. Sie sehen hier das deutsche Konzept mit dem eID-Service, dem Bürgerclient. Sehr ähnlich ist das österreichische Modell. Wir sind gerade dabei, in einer engen Abstimmung zwischen beiden Ländern diese Lösungen zu harmonisieren und es ist durchaus vorstellbar, dass am Ende dieses europäischen Projektes ein Interoperabilitylayer herauskommt, der auf der Server- wie auf der Clientseite funktioniert und dafür sorgt, dass auch völlig heterogene Kartensysteme in den verschiedenen europäischen Ländern trotzdem über diese Layer zusammenarbeiten können.

Ja, vielleicht noch als Schlussbemerkung, eIDs, das gilt natürlich auch für den Personalausweis, leben in einem Spannungsfeld. Auf der einen Seite möchte man im Internet eine möglichst detailgenaue Identifizierung haben für alle möglichen Prozesse und Geschäfte. Auf der anderen Seite möchte man aber möglichst wenige Daten preisgeben. Und beides widerspricht einander. Dieses Problem hat auch der Personalausweis zu lösen. Die Lösung des Problems geschieht in einer gesellschaftlichen Auseinandersetzung mit dieser Thematik, aber auch in einer Implementierungsauseinandersetzung mit der Industrie und mit den Anbietern und soll im Konsens gefunden werden. Ich denke, mit dem Personalausweis haben wir einen guten Ansatz gewählt. Das Beispiel des elektronischen Passes zeigt aber auch, dass es wichtig ist, sich mit solchen Innovationen frühzeitig auseinanderzusetzen. Auch im Bezug auf eine Beschlussfindung der Bundesregierung. Es ist ja viel Kritik damals geübt worden, warum wir denn jetzt als erste einen elektronischen Pass einführen müssen. Hätten wir es nicht getan, dann hätten wir sozusagen die Datenschutzvorstellungen anderer Länder – auch eines großen Landes jenseits des Atlantiks – hier in Deutschland geerbt und hätten uns hier damit auseinandersetzen müssen. Das haben wir nicht getan, wir waren als Vorreiter dabei und haben unsere Datenschutzvorstellungen und unsere Vorstellungen von Datensicherheit in den Normungsgremien durchgesetzt. Wir haben damit dafür gesorgt, dass unsere Industrie in sämtlichen Ausschreibungen maßgeblich ist, die derzeit international in diesem Feld stattfinden. Und insofern möchte ich an dieser Stelle motivieren, dass wir auch die Einführung des Personalausweises, zwar sehr wohl mit der notwendigen Kritik an der einen oder anderen Stelle positiv begleiten, also mit einer entsprechenden positiven Grundstimmung wie beim Reisepass. Und ich denke, das wird dazu führen, dass wir hier einen Erfolg erzielen werden, nicht nur für den Ausweis selbst, sondern auch für die Sicherheit der Anwendung im Internet. Vielen Dank.

7 Sichere Identitäten in einer digitalen Welt

Thomas Löer

Die digitale Welt

Die Bedeutung der digitalen Welt in unserem Leben wächst derzeit dramatisch. Verschiedenste Informationssysteme und Netzinfrastrukturen mit hoher Komplexität entstehen. Neben dem „world wide web" gehören dazu eine Vielzahl privater Anbieter und digitaler Infrastrukturnetze wie Bankennetze oder Regierungs- und Behördennetze. Die steigende Zahl der Nutzer unterstreicht diese Entwicklung: 1995 nutzten 6,5% der Bevölkerung das Internet – heute sind es knapp 70%. Davon kaufen 41% online ein, zwei Drittel nutzen Online-Banking und ein weiterer Teil erledigt seine Behördengänge auf diesem Weg. Im Jahr 2008 wird der Umsatz über das Internet auf über 150 Mrd. € geschätzt. Die Vielfalt des digitalen Netzes ist enorm. Der vertrauenswürdige Nachweis der Identität in diesen hochsensiblen Bereichen stellt große Herausforderungen an die Sicherheit im digitalen Netz. Der bedrohlich wachsende Identitätsbetrug verdeutlicht dabei die außerordentliche Schwierigkeit, sichere Applikationen im Medium Internet zu entwickeln.

Ein Beispiel einer sicheren Anwendungswelt ist die deutsche ePass-Lösung, die seit 2007 erfolgreich ausnahmslos elektronisch praktiziert wird. Alle Bestelldaten für einen ePass werden seitdem nur noch über den digitalen Weg an die Bundesdruckerei gesendet. Insgesamt wurden 5.500 Passbehörden mit ca. 8.500 Bürgerämtern und 17.000 Arbeitsplätze auf sichere Weise mit der Bundesdruckerei vernetzt. Für die Übertragung der Daten hat die Bundesdruckerei komplett neue Datenwege aufgebaut. Eine besondere Herausforderung stellte die völlig unterschiedliche IT-Landschaft in den einzelnen Kommunen dar, so dass für viele unterschiedliche Probleme einzelne Lösungen gefunden werden mussten.

Die Zukunft der digitalen Welt beruht für alle Anwendungen auf der Sicherheit der Identitätsdaten. Drei besonders innovative Applikationen des Internets seien an dieser Stelle hervorgehoben.

In der telematischen Medizin (e-Health) werden die Gesundheitskarte, elektronische Rezepte und elektronische Patientenakten weiterentwickelt. Im Bereich der e-Demokratie können Wahlen und Abstimmungen in Zukunft online stattfinden. An ausgewählten Universitäten und in einigen Unternehmen haben erste Testversuche dazu begonnen. In der e-Kriminalitätsbekämpfung gibt es Überlegungen zur Einrichtung elektronischer Strafakten sowie zu einer effizienten internationalen Vernetzung von Strafregistern auf digitaler Basis.

Mechanismen und Bedrohungsszenarien

Mit wachsender Mobilität und Globalisierung steigen die Ansprüche der Bürger an die Sicherheitsmechanismen zum Schutz der persönlichen Identität. Was verbirgt sich hinter der Identität? Sie ist ein Schlüssel für die Wahrnehmung von Rechten und die Erfüllung von Pflichten im privaten wie im öffentlichen Leben, z.B. beim Grenzübertritt, bei Gesundheits- und Sozialleistungen sowie beim Behörden- und Rechtsverkehr.

Durch den Transfer der Identitätsmechanismen in die digitale Welt ist es möglich, zwischen virtueller und elektronischer Identität zu unterscheiden. Mit der Benutzung der virtuellen Identität ist eine eindeutige Zuordnung in der digitalen Welt nicht überall gewünscht. Es gibt diverse Geschäftsmodelle wie z.B. „Second Life", die auf der Anonymität, auf einem Pseudonym oder der Benutzung von mehreren Identitäten beruhen und somit von klassischen Identitätsmerkmalen gelöst sind.

Im Unterschied dazu steht die elektronische oder digitale Identität. Sie hat die Aufgabe, als Stellvertreter im digitalen Netz zu agieren, z.B. beim Online-Banking. Die elektronische Identität unterliegt der hoheitlichen sowie der privatwirtschaftlichen Überprüfung. Sie stellt damit den höchsten Sicherheitsanspruch – der heute noch nicht ausreichend gewährleistet werden kann.

Identitätsdiebstahl ist eine der am stärksten wachsenden Kriminalitätsformen in den hochtechnisierten Ländern. Vier beispielhafte Gruppen des Identitätsdiebstahls sind Phishing, Pharming, Skimming und Spoofing. Deutschland ist eines der Lieblingsziele der „Internetpiraten". Besonders erschreckend ist die Entwicklung des Anstieges der Schadenssumme. 2006 lag der Durchschnitt bei 2.500 € pro Schaden, im Jahr 2007 waren es 4.000–4.500 € pro Kontodatendiebstahl.

Ein weiteres wichtiges Merkmal des Identitätsbetruges sei hier besonders hervorgehoben: Unser Verständnis von Diebstahl im analogen Sinn, das „Abhandenkommen von Dingen", hat nichts zu tun mit dem digitalen Diebstahl. Hier werden Daten vervielfältigt und tauchen an anderen Orten wieder auf. Weltweit ist die Entwicklung alarmierend. Identitätsbetrug ist in den USA an die Spitze aller kriminellen Delikte mit beträchtlichem wirtschaftlichem Schaden gestiegen.

Die beschriebenen bedenklichen Szenarien führen zu grundlegenden Sicherheitszielen, die bei der Konzeption von Applikationen in der digitalen Welt von Bedeutung sind, sie lauten:

1. Authentizität – keine falsche Identität
2. Vertraulichkeit – kein Abhören
3. Integrität – keine Datenmanipulation
4. Verfügbarkeit – keine Filterung von Daten

Das Dokument als Schlüssel

In der analogen Welt sind sichere Identitätsdokumente, wie der Personalausweis oder der Reisepass, für den Benutzer zentrale Mittel, die Echtheit seiner Person nachzuweisen, z.B. im Grenzverkehr, bei Polizeikontrollen oder im Behördenverkehr. Von der jeweiligen Behörde werden alle Personendaten ausgelesen. Wichtige Kriterien sind dabei das Vertrauen in die ausstellende Behörde und die Fälschungssicherheit des Dokumentes durch umfangreiche Sicherheitsmerkmale. Neben dem Ausweis kommt für den Benutzer in der digitalen Welt eine Vielzahl von elektronischen Identitäten hinzu. Für jeden Dienst braucht er eine Karte zur Identifikation: Als Bankkunde bei der elektronischen Kontoeröffnung, als Bürger bei Online-Bürgerdiensten und als Kunde beim Einkauf über das Netz. Diese Identifikationen unterliegen einer schwachen Form der Identifizierung, meist genügt ein Passwort oder der Benutzername. Die einfachen Methoden der Identifizierung und das einfache Dokument führen zu vermehrtem Datenmissbrauch.

Der Schlüssel für den Eintritt von der analogen in die digitale Welt ist die Schaffung einer sicheren elektronischen Identität, also einer hoheitlichen eID-Karte, die es dem Nutzer ermöglicht, nur ausgesuchte persönliche Daten nach Nutzerfreigabe zu übermitteln. Er entscheidet selbst über die Weitergabe.

Für diesen Prozess sind drei verschiedene Beteiligte notwendig: der Nutzer, der Anbieter und ein so genannter ID-Provider, der als eine Art Zertifizierungsstelle agiert. Anbieter müssen sich von einem ID-Provider zertifizieren lassen und auch der Nutzer muss die Echtheit seiner Daten, die er einem Anbieter zur Verfügung stellen will, von einem ID-Provider bestätigen lassen. Durch die Zertifikate des ID-Providers können beide Partner einer Online-Transaktion sicher sein, dass der Andere tatsächlich der ist, für den er sich ausgibt. Darüber hinaus erhält der Dienstanbieter nur die Informationen, die er unbedingt benötigt. Und jeder Nutzer digitaler Dienste behält die Kontrolle über seine persönlichen Daten. Damit bleibt jeder reale Mensch auch in der virtuellen Welt Herr seiner Identität.

Perspektiven durch neue Technologien

Grundlage für den Schutz von Identitäten ist eine durchgängig sichere „Secure ID"-Kette. Dazu gehört die:

- sichere Dokumentenbeantragung
- sichere Übermittlung und Verarbeitung der Daten
- Produktion hochsicherer Dokumente
- sichere Personalisierung der Dokumente
- sichere Ausgabe der Dokumente
- sichere Verifikation
- sicheres eID-Management

In der analogen Welt müssen wir dafür sorgen, dass wir die Bindung des Dokuments an seinen Inhaber sicherstellen. Dazu benötigen wir Biometrie und Kryptografie. Flankiert werden diese Technologien durch entsprechende Hochsicherheits-Technologien für das Dokument selbst, um Fälschungen auszuschließen. Dazu zählen neue Materialien, neue Druckverfahren, neue Personalisierungs-Technologien und Displays, um Informationen anzuzeigen.

Auch in der digitalen Welt sind die zentralen Themen die Sicherheit der persönlichen Identität sowie der Schutz der persönlichen Daten und der Kommunikationswege. Neben einem sicheren Datentransfer ist vor allem die sichere Authentifizierung von Bedeutung. Dies geschieht durch eine vertrauenswürdige Instanz, den ID-Provider, der die notwendigen Zertifikate ausstellt bzw. prüft. So unterstützt der ID-Provider in einem sicheren eID-Managementsystem den Bürger bei der Durchführung seiner Online-Geschäfte, egal ob im eBusiness- oder eGovernment-Bereich.

Auf all diesen Gebieten ist kontinuierliche Forschungs- und Entwicklungsarbeit zu leisten. Ein besonders innovatives Projekt veranschaulicht mögliche Entwicklungen auf diesen Gebieten. Ein EU-weites Forschungsprojekt, bestehend aus einem Konsortium von 12 europäischen Partnern, setzt sich mit der Entwicklung und dem Test von Software- und Hardwarekomponenten für die 3D-Gesichtserkennung auseinander, bei der die Dreh- und Positionsänderungen des Gesichtes besser verarbeitet werden. Ziel ist, eine noch leistungsfähigere und komfortable Zugangs- und Grenzkontrolle an Flughäfen zu entwickeln. Die ersten Pilotprojekte finden in den Flughäfen Berlin-Schönefeld und Salzburg statt, wo die Komponenten unter realen Bedingungen getestet werden.

Das „gute alte Dokument" wird künftig zum Generalschlüssel für die digitale Welt und ein High-Tech-Produkt, das hochinnovative Forschung vorantreibt und zu einer volkswirtschaftlichen Größe aufsteigt.

8 Anwendungssicherheit in Web 2.0

Joachim Posegga

Ich möchte den Schwerpunkt meines Vortrags auf Anwendungssicherheit im Umfeld von Web 2.0 legen und vermitteln, was aus meiner Sicht die wesentlichen Probleme dabei sind und wie wir damit umgehen sollten.

Zunächst aber eine kurze Vorstellung. Vor kurzem bin ich von Hamburg nach Passau an das Institut für IT-Sicherheit und Sicherheitsrecht gewechselt, hier sehen Sie ein Bild des Institutsgebäudes:

Bild 1

Ich finde, das ist ein Bild, das auch symbolisch für die Aufgabe steht, der wir dort nachgehen: „Bridging gaps between two worlds that depend on each other." Sie sehen hier Modernität und die Historie vereint. Was wir in dem Institut für IT-Sicherheit und Sicherheitsrecht versuchen, ist inhaltlich etwas sehr Ähnliches: Wir möchten das relativ neue Thema IT-Sicherheit (im technischen IT-Sinne) mit der historisch gewachsenen juristischen Seite verbinden. Ich bin sehr gespannt, wie sich dies in Zukunft entwickeln wird.

Fokus meines Vortrags ist Anwendungssicherheit im Kontext von Web-Anwendungen, Web 2.0 usw. Das ist ein Thema, das sich gerade durch die Entwicklung der letzten wenigen Jahren sehr stark im mobilen Bereich niederschlägt: Denken Sie an die Dinge, die Apple und Google betreiben, dies ist eine sehr spannende Entwicklung, die sicherlich noch lange nicht vorbei ist.

Beginnen wir mit einem historischen Blick auf die Dinge: Wie hat sich diese Technologie entwickelt? Alles begann vor vielen Jahren mit einer relativ simplen Sprache, HTML, und mit einem sehr einfachen Protokoll, HTTP. Die Grundidee des Ganzen war, eine Sprache bzw. ein System zu haben, das – aus heutiger Sicht – „cross domain" arbeitet: Man wollte Grenzen verschwinden lassen und Informationen von verschiedenen Quellen integrieren, z.B. in einem Browser. Ziel war, gar nicht zu merken, wenn irgendwelche Grenzen überschritten werden.

Das war die Grundidee, die Ende der 80er, Anfang der 90er etabliert wurde. Danach passierte relativ lange fast gar nichts und die Technologie fristete ein „leises" Dasein im akademischen Bereich.

A Short History of Web Applications

All started with

- HTML (Hyper Text Markup Language) and
- HTTP (Hyper Text Transport Protocol)

which was and is "cross-domain" by nature.

Then we saw innovation:

- meaningful Web applications
- JavaScript
- authentication tracking

Did everyone forget about the cross-domain nature of HTTP/HTML... ?

 Institute of IT-Security and Security Law

J. Posegga, 5

Bild 2

Etwa Mitte der 90er Jahre tauchten dann neue Anwendungen auf: erste Ansätze von online shopping, banking, usw. Es wurden neue Dinge konzipiert, z.B. Java-Script, um aktiven Content übertragen zu können, also die Client-Seite proaktiv werden zu lassen. An diesem Punkt wurde dann auch auf einmal Sicherheit wichtig, ein Aspekt, der vorher eigentlich keine Rolle spielte.

Interessant an der Stelle ist, dass ganz offensichtlich die allermeisten die cross-domain-Natur des zugrunde liegenden Ansatzes vergessen hatten. Sicherheitsfunktionen wie Authentifikation sind in einem gewissen Sinn auch sehr konträr zu dieser „cross-domain"-Idee: Denn dort will ich ja einen Zustand festhalten und möglichst nicht „unbemerkt" von einer Domain zur anderen gehen können. Wir sahen dann auch relativ schnell die Konsequenzen des Ganzen, in Form von massiven Sicherheitsproblemen.

Eine der schönsten Angriffstechnologien, im „ästhetischen" Sinne, ist hier Cross-Site Scripting (XSS): Es baut exakt darauf auf, dass eine „cross-domain"-Technologie benutzt wird und dadurch, sagen wir mal, unerwünschte Dinge für Angreifer machbar werden, indem Grenzen von Domains unbemerkt überschritten werden.

Bekannt ist das Prinzip in der breiten Fachöffentlichkeit seit etwa 2000; es ist also alles andere als neu, zeigt aber sehr schön einen Trend, den wir in der Sicherheit sehr oft beobachten: Es dauert relativ lange, bis Probleme wirklich „virulent" werden. Das ist auch hier der Fall: Wir registrierten 2007 ungefähr drei Verwundbarkeiten pro Tag im Bereich des Cross-Site Scripting und das ist eine ganze Menge.

Interessant ist das Angriffprinzip aus technischer Sicht insbesondere, weil es durchgängig alle Plattformen betrifft: Microsoft, Sun, SAP, IBM, Open Source Plattformen, usw. Das Prinzip des Cross-Site Scripting ist nicht spezifisch für eine Plattform, sondern es werden hier sehr prinzipielle, sagen wir mal, Defekte ausgenutzt, die überall vorhanden sind. Es betrifft eigentlich auch alle Anwendungsbereiche, ob das nun „mobile", „embedded" oder was auch immer ist, spielt überhaupt keine Rolle.

Example: Cross-site Scripting (XSS)

XSS is (publically) known since 2000:
- 1000 Vulnerabilities at BugTraq in 2007 (3 per day…)
- All Plattforms affected: PHP, J2EE, ASP.NET, SAP Web AS,…

"Who-is-who" of XSS-vulnerable Websites:
- 50 Banks ("Phishmart")
- Google.com
- Yahoo.com
- Bundesregierung.de
- T-Mobile.de
- Verisign.com
- PayPal.com
- Amazon.com
- ebay.com
- MSN.com
- Orkut.com
- ibm.com
- sun.com

J. Posegga, 6

Bild 3

In Bild 3 sehen Sie das „Who is Who" derer, die es bisher in irgendeiner Art und Weise einmal „erwischt" hat: Alles was im Internet Rang und Namen hat, ist hier dabei. Dies zeigt auch noch einmal, dass wir es hier ganz offensichtlich mit einem sehr prinzipiellen Problem zu tun haben, und die Ursache nicht das Unvermögen von Einzelnen ist.

Ich möchte nun zunächst aus akademisch/analytischer Sicht schildern, wo das Grundprinzip liegt und warum es so schwer ist, dem Cross-Site Scripting zugrundeliegende Problem in den Griff zu bekommen.

Principles of XSS et.al.

Client-side Code Injection:

- **Cross Site Scripting (XSS)**
- **Cross Site Request Forgery (XSRF, Session Riding)**

Goal: Hijacking Web Sessions

Technical Basis:

- **No clear separation between data and code (hard to fix...)**
- **Lack of Session-Management in HTTP(s)**

N.b.:

- **XSS et.al. work perfectly well over SSL and Firewalls**
- **It's not easy to find and often hard to fix**

 Institute of IT-Security and Security Law

J. Posegga, 7

Bild 4

Im Endeffekt ist Cross-Site Scripting ein Angriff, der ein sehr altes Prinzip benutzt, nämlich das „Einschmuggeln" von ausführbaren Code in die Client-Seite. Ziel dieser Art von Angriffen ist es in der Regel, eine authentifizierte Websession zu übernehmen und sich dort als legitimer und authentifizierter Nutzer zu impersonifizieren und Schadcode auszuführen.

Warum ist das möglich? Das hat zwei Gründe: Erstens haben wir im Webumfeld keine saubere Trennung zwischen Daten und Code, wir können also dem, was da zwischen Client und Server übertragen wird, nicht so einfach ansehen, ob es Daten sind oder ob ausführbarer Code übertragen wird. Der zweite Grund liegt darin, dass Protokolle wie HTTP kein Session-Management besitzen, sondern zustandslos sind. Will man Sicherheitseigenschaften haben, braucht man aber einen Zustand, und diesen sicher zu etablieren und zu verwalten ist sehr viel schwieriger, als es auf den ersten Blick erscheint.

Eine Bemerkung am Rande: Angriffe wie Cross-Site Scripting funktionieren wunderbar über Firewalls oder auch SSL-Verbindungen. Diese ganzen Netzwerksicherheitsebenen können so viel Schutz aufbauen, wie sie wollen, das stört den XSS-Angreifer überhaupt nicht.

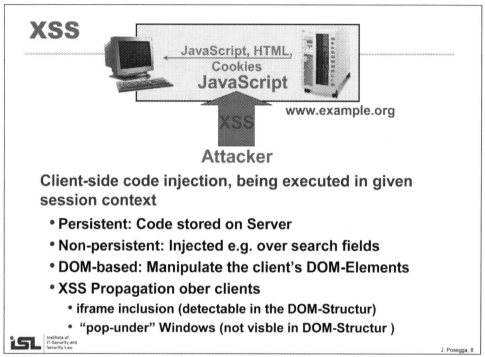

XSS

JavaScript, HTML, Cookies

JavaScript

XSS

www.example.org

Attacker

Client-side code injection, being executed in given session context

- **Persistent: Code stored on Server**
- **Non-persistent: Injected e.g. over search fields**
- **DOM-based: Manipulate the client's DOM-Elements**
- **XSS Propagation ober clients**
  - **iframe inclusion (detectable in the DOM-Structur)**
  - **"pop-under" Windows (not visble in DOM-Structur)**

Institute of IT-Security and Security Lax

J. Posegga, 8

Bild 5

Noch ein klein wenig Technik: Wie funktioniert dieses Angriffsprinzip? Ein Angreifer versucht, Code in eine Umgebung einzuschleusen, die bestimmte Sicherheitseigenschaften besitzt, z.B. eine authentifizierte und verschlüsselte Verbindung zwischen Client und Server darstellt. Meist funktionieren solche Angriffe über JavaScript, das ist aber nicht an die Sprache JavaScript selbst gebunden, sondern auch mit anderen Sprachen machbar.

Ziel ist dann, ausführbaren Code des Angreifers, z.B. JavaScript in dem Kontext der angegriffenen Web-Session ausführen zu lassen und Rechte auszunutzen, die dort vorhanden sind. Das ist ein recht altes Angriffsprinzip, dem allerdings diese Webarchitekturen sehr zur Hilfe kommen. Man kann dabei unterschiedliche Varianten unterscheiden, die persistent oder auch nicht-persistent Code einschleusen, die die DOM-Struktur manipulieren, usw. Mein Mitarbeiter Martin Johns hat dieses ganze Problemfeld in seiner Dissertation sehr gut analysiert und strukturiert, eine wirklich lesenswerte Arbeit. Ich möchte hier nicht allzu sehr ins Detail gehen, da dies keine dedizierte Sicherheitskonferenz ist. Ich kann Ihnen aber versichern, dass es reichlich schwierig ist, etwas dagegen zu tun.

On Detecting Code Injection

Attack: Inject executable code into a server and

- **compromize the Server, e.g. SQL-Injection:**
  ```
  http://example.com/search.aspx?keyword=\
  sql'+;GO+EXEC+cmdshell('format+C')+--
  ```
- **compromize a Client, e.g. XSS**

Current Approach: I/O-Analysis (filtering)

- **Goal: Detect foreign code and prevent its execution**
- **Means: Application-Firewalls, Taint-Analysis,...**

Principle Problem to be Solved:

- **Will a string sometime/somewhere be executed ?**

 Institute of IT-Security and Security Law

J. Posegga, 9

Bild 6

Um solchen Angriffen zu begegnen, muss man nämlich erkennen, dass an irgendeiner Stelle Code injiziert wird, der nicht aus einer vertrauenswürdigen Quelle stammt. Sie haben sicher alle schon von SQL-Injection gehört. Dagegen kann man einiges unternehmen. Bei professionellem Security-Management sollte SQL-Injection heute eigentlich nicht mehr möglich sein.

Was Cross-Site Scripting versucht, ist etwas sehr Ähnliches, allerdings nicht auf den Server, sondern auf den Client zielend; jeder, der sich schon einmal mit Security beschäftigt hat, weiß, dass es sehr viel einfacher ist, einen Client anzugreifen, als einen Server: Letzteren sicher zu machen ist schwer, heutige Clients zu sichern fast unmöglich.

Wie kann man diesem Einschleusen von Code nun begegnen? Ein „Klassiker" ist hier Input und Output Filtering. Also der Versuch, als Server alles was an Content rein- und herausgeht zu filtern, so dass kein Code darin vorkommt, den man nicht haben möchte. Das ist heute ein Standardansatz, Stichwort „application firewalls", eine kleine Industrie. Die grundsätzliche Frage, die hier zu lösen ist, ist folgende: Ich habe einen String, den ich auf der Netzwerkebene sehe, wird dieser an irgendeiner Stelle einmal aus Code ausgeführt?

Rice's Theorem

We can't recognize anything interesting about a program's behavior from looking at the source code.

Somewhat more precise:

Every non-trivial property of a language recognized by a Turing maching is undecidable.

Rice, Henry Gordon: *Classes of Recursively Enumerable Sets and Their Decision Problems*. Trans. Amer. Math. Soc. 74, 358-366, 1953.

Institute of
IT-Security and
Security Law

J. Posegga, 10

Bild 7

Schaut man sich dieses Problem als Informatiker an, so hilft dem theoretisch Vorbelasteten der Satz von Rice; dieser sagt, etwas „platt" ausgedrückt: Wir können so lange wir wollen auf String schauen, wir werden nicht in allen Fällen herausfinden können, was dieser bedeutet.

Dies ist ein fundamentales Theorem der Theoretischen Informatik, publiziert 1953 als es noch gar keine Theoretische Informatik gab; der Satz stellt jedoch eine der großen, fundamentalen Erkenntnisse der Informatik dar: Man kann mit automatischen Systemen eigentlich nur triviale Aussagen über formale Sprachen automatisch machen, komplexe Dinge bleiben jenseits des Machbaren. Auf unser Problem übertragen besagt der Satz: Wir können uns nicht vollständig und in allen Fällen gegen solche Angriffe schützen.

Nun kann man entweder in Verzweiflung versinken oder pragmatisch werden: Können wir unser Problem nicht immer und überall lösen, so reicht es ja vielleicht, wenn wir die real vorkommenden Fälle betrachten und eventuell einige Einschränkungen in Kauf nehmen.

Some of our Results

SessionSafe

→ **Fix missing security of Browsers**

RequestRodeo

→ **Tackle statelessness of http**

Smask

→ **Separate Data and Code**

See

- www.secologic.org
- **Martin Johns' PhD thesis and related publications**

iSL Institute of IT-Security and Security Law

J. Posegga, 11

Bild 8

Wie man dies genau umsetzt, wo die Grenzen sind, welche Einschränkungen wir akzeptieren müssen, usw. ist derzeit ein hoch spannendes und hoch relevantes Forschungsthema, das gar nicht ernst genug genommen werden kann, leider aber außerhalb kleiner Fachkreise wenig „sichtbar" ist. Wir haben hier einige Ansätze entwickelt; es sind, sieht man es pragmatisch, „Patches" für Web-Anwendungen. Ich möchte Ihnen insbesondere die Projektseite des inzwischen abgelaufenen Secologic-Projekts ans Herz legen, bei dem Sie sehr viel Praxisorientiertes zur sicheren Anwendungsentwicklung finden können.

Fragen wir uns nun aber noch einmal generell: Wo stehen wir eigentlich in dem Umfeld von Anwendung, Internet, Netzen und so weiter? Was waren die Trends der letzten 10 Jahren? Wie wird es denn weitergehen?

Web Security: Where are we now?

We moved everything to the same infrastructure
- **IP on everything, everything on IP**
- **HTTP for everything, everything over HTTP**

Security was not and will never become a design goal
- **Infrastructure security is an uphill battle; we lost it**

We did not establish secure application development in practice
- **We can fix some of the worst bugs, but a (practically applicable) panacea is not in sight**

Where are we headed?

 Institute of IT-Security and Security Law

J. Posegga, 12

Bild 9

Im Prinzip haben wir die letzten 10 Jahre damit verbracht, alles konsequent auf die gleiche Infrastruktur zu bringen: Alles über IP, IP über alles. Wir „tunneln" IP über die „wildesten" Protokolle: Ich habe zu Hause einen Telefon-Anschluss, der macht ISDN over IP over IP. Das funktioniert zwar nicht gut, aber es ist preiswert. Weiterhin ist http/HTML zur universellen Anwendungs-Schnittstelle geworden.

Analysiert man dies als Technologe, und ich bin tief in meinem Herzen ein „wirklicher" Technologe, der Technologie „for its own sake" unglaublich spannend findet, so muss man eigentlich den Kopf schütteln: Es ist im Prinzip vollkommen absurd, was wir da gemacht haben; die Kostengründe versteht natürlich auch der Technologe, aber haben wir es hier nicht etwas übertrieben? Auch der Sicherheitsexperte kann das nicht gut finden. Homogenität ist hier fast nie eine gute Idee.

Hier Sicherheit zu erreichen ist extrem schwierig; wir gehen dies heute bisher meist durch Infrastruktursicherheit an, also z.B. Firewalls, sichere Netzprotokolle, usw. Dieser Ansatz trägt aber im Zeitalter des Web 2.0 und danach nicht mehr allzu weit. Cross-Site Scripting zeigt dies ganz klar: Man kann auf der Infrastrukturebene mehr oder weniger tun, was man möchte, es hilft im Endeffekt nicht. Infrastruktur-Sicherheit ist inzwischen ein klassisches „uphill battle": Wir können den Aufwand exponentiell erhöhen, werden aber auf der Anwendungsebene, und darum dreht es sich heutzutage, bestenfalls linear besser werden.

Ich weiß nicht, wie lange ich in meinem bisherigen Berufsleben überlegt habe, wie man Sicherheit als ein Design-Ziel in Anwendungen etablieren kann. Irgendwann habe ich resigniert aufgegeben. Es funktioniert einfach nicht: Sicherheit ist kein primäres, leider auch momentan noch nicht einmal ein sekundäres Ziel, denn es stellt keinen direkten Mehrwert dar, der bezahlt würde.

Wir müssen es aber *trotzdem* schaffen, sichere Anwendungen zu bauen. Das ist eine der wirklich großen Aufgaben für die Informatik, von deren Lösung wir heute leider meilenweit entfernt sind.

Die Analyse des Ist-Zustandes ist also recht ernüchternd. Wohin geht die Reise aber nun? Schauen wir einmal weiter in diese schöne, neue, reichlich schlagwortbeladene Welt von Web X.0, Cloud Computing, oder was auch immer Sie gerade am modernsten finden.

Ich habe einmal versucht, präzise zu verstehen, was das eigentlich genau heißt. Es ist mir nicht wirklich gelungen. Die schönste Definition, die ich gefunden habe, ist diese hier:

Web 2.0 / Cloud Computing / ...

"The lack of a crisp definition is a feature, not a bug."

Chris Anderson

 Institute of
IT-Security and
Security Law

J. Posegga, 13

Bild 10

Man ist dann als Mitglied der Academia kurz davor, schulterzuckend auf-
zugeben… das fand ich aber auch unbefriedigend. Also habe ich einfach versucht,
die Perspektive zu wechseln: Was heißt es denn für die verschiedenen Betroffenen?

Web 2.0: Management Summary for...

The Web itself
```
chmod o+w *
```
Developers
 write code for clients.
Users
 become Developers („**user generated content**").
Enterprises
 face „**in-house Consumerization**" (e.g.: **mashups**)
Service/Content Providers
 likely to loose control over service usage.
Attackers
 target users/clients rather than infrastructures.

 Institute of
IT-Security and
Security Law

J. Posegga, 14

Bild 11

Der erste Punkt, das sind die alten Unix-Hacker, also diejenigen, die das Web erfunden haben: Aus deren Perspektive wird das Web auf einmal beschreibbar.

Was heißt es für Entwickler? Entwickler haben auf einmal andere Aufgaben: Bisher haben wir Server programmiert, nun schreiben wir Code für Clients.

Es ändert sich auch etwas Signifikantes für Nutzer, denn die werden auf einmal zu so etwas wie Entwicklern: Die „Schlagworte" sind hier „user generated content", „mashups", usw.

Nun kann man z.B. auch noch über Unternehmen nachdenken: Was machen diese denn mit sog. „inhouse mashups"? Will man das? Wie bemerke ich, dass gerade der Vorstandsfuhrpark im Internet „vermashuped" wird?

Service und Content Provider: Plötzlich machen irgendwelche Leute Dinge mit ihrem Content.

Der letzte Punkt ist auch sehr spannend: Was heißt es denn für Angreifer? Die werden sich mehr und mehr auf die Client-Seite fokussieren. Server sind heute mehr und mehr uninteressant, die Client-Seite ist das Spannende für Angreifer. Und jetzt schlucken wir Sicherheitsleute alle so ein bisschen, weil wir genau wissen, was das bedeutet.

Schauen wir aber noch einmal auf den Aspekt „user generated content". Dazu ein wunderbares Zitat eines Kollegen von IBM:

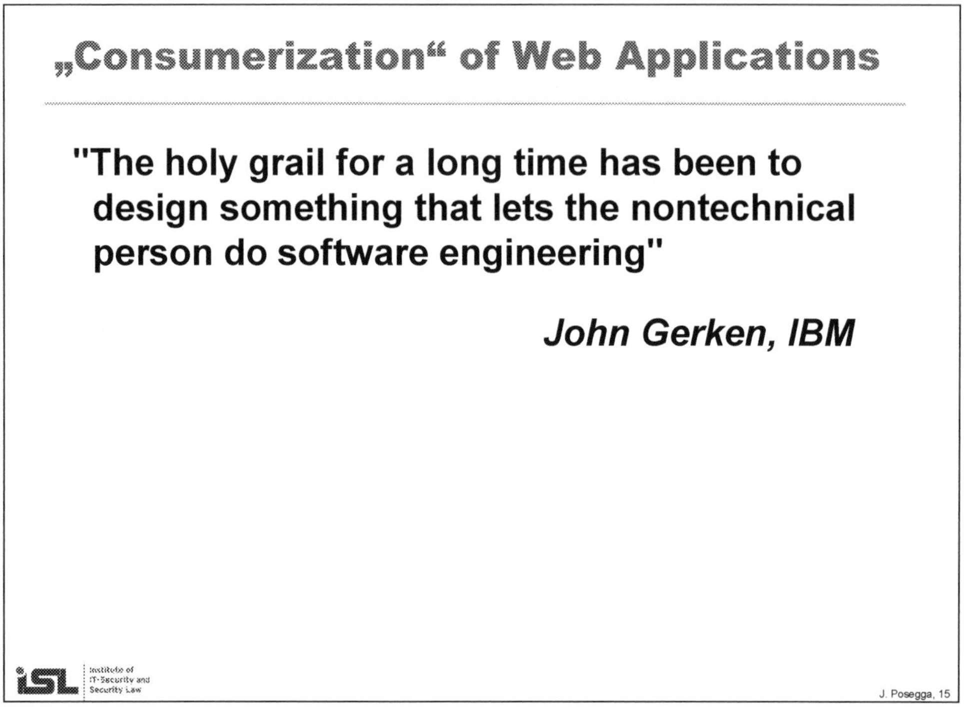

„Consumerization" of Web Applications

"The holy grail for a long time has been to design something that lets the nontechnical person do software engineering"

John Gerken, IBM

iSL — Institute of IT-Security and Security Law

J. Posegga, 15

Bild 12

Jeder aus dem Software-Engineering muss davon begeistert sein, obwohl auch klar ist, dass man dieses Ziel nie ganz erreichen wird. Sind wir aber nicht Software-Ingenieure, sondern Sicherheitsexperten, dann heißt es: Es werden die Benutzer zu Entwicklern, die Funktionalität ins Web stellen, Anwendungen bauen usw. Wir mögen versuchen, die Programmier-Technologie zu verstecken, was wollen wir dann aber mit Sicherheitsmaßnahmen machen? Können wir das auch automatisch handhaben und vor den Nutzern verbergen? Das mag als visionäre Herausforderung durchgehen, praktikabel ist es aber heute noch in keiner Weise. Die Konsequenzen dieser Entwicklung werden uns noch sehr lange beschäftigen.

Was ist aber nun Web 2.0-Sicherheit genau? Auch hier habe ich versucht, die technische Bedeutung zu verstehen. Im Prinzip ist das einfach: Es gibt eigentlich keine neuen technischen Verwundbarkeiten, die Protokolle bleiben die gleichen, die Architekturen sind nicht grundsätzlich verschieden. Im Prinzip passiert technisch eigentlich gar nichts, was sicherheitstechnisch relevant wäre. Aber die Rollen verändern sich. Andere erzeugen nun Code, die Angriffsziele ändern sich. Es gibt zwar keine neuen Verwundbarkeiten, aber die Benutzer werden beginnen, diese nun selbst zu „verteilen" – im Sinne des „deployments". Und wir können leicht vorhersagen, was das im Endefekt heißt: Sicherheitsmanagement wird sehr viel schwieriger werden.

Weiterhin werden sich Angriffe viel schneller verbreiten. Das konnte man sehr schön an diesem Orkut-Wurm beobachten, der neue Geschwindigkeitsrekorde aufstellte. Das gab es bisher in dieser Qualität nicht und dies liegt an den geänderten Randbedinungen in Web 2.0.

Spätestens hier müssen wir uns nun aber einmal *ernsthaft* fragen, wie sieht denn unsere Strategie aus, mit den absehbaren Problemen bezüglich IT-Sicherheit umzugehen? Die Wahrheit ist: Wir haben keine solche Strategie und das muss sich dringend ändern.

Wrap-up

The Challenge for Mobile ICT: Application Security
- **Securing networks is difficult**
- **Securing applications is barlely understood**
    - **Both is Mission-critical**

General Trends:
- **From** Client **/ Server** **towards** **Client** / Server
- **Distributed Computing („Cloud Computing")**

Urgently Needed:
- **Training & Education for Secure Application Development**
- **Joint Initiatives of Industry and Academia for Improving Application Security**

Institute of IT-Security and Security Law

J. Posegga, 16

Bild 13

Der Schlüssel ist Anwendungssicherheit. Davon verstehen wir bis jetzt aber fast gar nichts. Wir haben einigermaßen verstanden, wie wir Netze sicher machen: dies ist nicht einfach, und es ist auch teuer. Wie wir dasselbe auf der Anwendungsebene machen, wissen wir heute nur in allerersten Ansätzen, von einer brauchbaren Methodik ist aber noch fast nichts zu sehen. Cross-Site Scripting ist das Paradebeispiel dafür, dass Netzwerk- respektive Infrastruktursicherheit nicht mehr ausreichen und wir dringend auf der Anwendungsebene ansetzen müssen.

Ich denke, als erstes muss sich da jeder auch an die eigene Nase fassen: Ich habe seit 5 Jahren einen Lehrstuhl für IT-Sicherheit. Was habe ich denn dazu getan, um Studenten sichere Anwendungsentwicklung, Secure Coding zu lehren? Mir ist nicht sehr viel Besseres eingefallen, als in Vorlesungen Beispiel-getrieben vorzugehen und Praktika dazu zu konzipieren. Einen methodischen Ansatz, Studenten praxisrelevante, sichere Programmierung beizubringen, habe ich leider auch nicht gefunden. An den meisten Universitäten passiert in dieser Hinsicht aber fast gar nichts: Da gibt es die übliche Kryptovorlesung, Netzwerksicherheit usw., aber Secure Implementation usw. sollen die Studenten offenbar selbst lernen. Das muss sich möglichst schnell ändern.

Das Problem, das auf uns zukommt, kann aber weder Industrie noch die Academia alleine lösen, es bedarf gemeinsamer Ansätze. Lassen sie uns überlegen, wie diese aussehen können und sie angehen. Ich danke Ihnen für die Aufmerksamkeit.

9 Neue Anforderungen an den Datenschutz

Alexander Dix

Eine von der Europäischen Kommission 2003 in Auftrag gegebene Studie hat die rasante technische Entwicklung hin zu „Ambient Intelligence Technologies" als die größte Herausforderung für den Datenschutz bezeichnet, die sogar größer als die Herausforderung durch den internationalen Terrorismus nach dem 11. September sei.

Was heißt „Ambient Intelligence"? Mit diesem Begriff wird die ubiquitäre Integration von Datenverarbeitung in Gebrauchsgegenstände des täglichen Lebens, aber auch in Räume, Gebäudeteile, Zugangskontrollsysteme, Navigationssysteme u.a. bezeichnet. Viele dieser Anwendungen werden mit mobilen Endgeräten funktionieren oder tun es bereits. Ein konkretes und angesichts der demographischen Entwicklung immer wichtiger werdendes Beispiel ist das vom Bundesforschungsministerium geförderte Projekt „Ambient Assisted Living" (AAL-Innovationsfeld im Rahmenprogramm "Mikrosysteme" (2004-2009) des Bundesministeriums für Bildung und Forschung), mit dem alten (möglicherweise pflegebedürftigen, dementen) Menschen durch technische Assistenzsysteme das Leben erleichtert werden soll.

Es liegt auf der Hand, dass diese Entwicklung den Datenschutz vor völlig neue Herausforderungen stellen wird. Dabei geht es zunächst darum, wie die Terabytes von Daten, die in einer Welt des „ubiquitous" und „mobile computing" scheinbar zwangsläufig erzeugt werden, sicher übermittelt und gespeichert werden können.

In diesem Zusammenhang ist das Grundrecht auf Gewährleistung der Vertraulichkeit und Integrität informationstechnischer Systeme (kurz: „Computergrundrecht" genannt) zu nennen, das das Bundesverfassungsgericht im Februar 2008 neu aus der Verfassung abgeleitet hat. Die Bedeutung dieses neuen Grundrechts für den Datenschutz geht weit über den unmittelbaren Anlass, die Online-Durchsuchung, hinaus. Informationstechnische Systeme sind keineswegs nur herkömmliche Desktop-Computer oder Notebooks, sondern das Gericht versteht darunter alle Gegenstände mit informationstechnischen Komponenten etwa auch in Wohnungen oder Kraftfahrzeugen. Auch das Internet als elektronischer Verbund von Rechnernetzwerken kann nach den Worten des Bundesverfassungsgerichts als „informationstechnisches System" angesehen werden. Die Konferenz der Datenschutzbeauftragten des Bundes und der Länder hat eine eigene Arbeitsgruppe eingesetzt, die (bis zum Frühjahr 2009) die Konsequenzen benennen soll, die der

Gesetzgeber beim Datenschutz gerade hinsichtlich der technisch-organisatorischen Anforderungen jetzt ziehen muss.

Da das Bundesverfassungsgericht jeder Einzelperson einen Anspruch auf Gewährleistung dieses Grundrechts eingeräumt hat, kann der Staat die Erfüllung dieser Verpflichtung nicht dem Markt überlassen. Vielmehr müssen zumindest bestimmte Rahmenregelungen formuliert werden, die die verantwortlichen Stellen (und die Hersteller) einzuhalten haben. Die neueren Datenschutzgesetze (Nordrhein-Westfalen, Brandenburg, Berlin, Schleswig-Holstein) formulieren im Gegensatz zum Bundesdatenschutzgesetz und älteren Gesetzen auf Landesebene bereits praktische Ziele der technisch-organisatorischen Datensicherheit.

Allerdings gibt es auch Beispiele dafür, dass der Gesetzgeber sich anschickt, die von ihm selbst gesetzten Rahmenbedingungen für eine vertrauenswürdige und rechtssichere Kommunikation zu entwerten: Im Entwurf des Steuerbürokratieabbaugesetzes (BR-Drs. 547/08) werden verfahrenstechnische Regelungen für die elektronische Übermittlung von Steuererklärungen im Verfahren ELSTER festgelegt. Zu diesem Zweck sieht der Gesetzentwurf eine Ergänzung der Abgabenordnung vor, wonach bei Einführung der Verpflichtung zur elektronischen Abgabe der Steuererklärung diese mit einer qualifizierten elektronischen Signatur nach dem Signaturgesetz zu versehen ist.

Zugleich relativiert der Gesetzentwurf dies aber mit der Vorgabe, dass zur Erleichterung und Vereinfachung des automatisierten Besteuerungsverfahrens anstelle der qualifizierten elektronischen Signatur ein „anderes sicheres Verfahren" im Benehmen mit dem Bundesinnenministerium zuzulassen oder sogar auf beide Verfahren vollständig zu verzichten ist. Damit soll nach der Begründung des Entwurfs neben der qualifizierten elektronischen Signatur künftig auch eine Übermittlung der Steuerdaten unter Nutzung der Möglichkeiten des neuen elektronischen Personalausweises ermöglicht werden.

Die Konferenz der Datenschutzbeauftragten des Bundes und der Länder hat schon 2006 gefordert, den Bürgerinnen und Bürgern eine sichere elektronische Kommunikation mit der Verwaltung durch eine qualifizierte Signatur zu ermöglichen. Im Herbst 2008 hat die Konferenz erneut deutlich gemacht, dass die qualifizierte elektronische Signatur als Ersatz für die eigenhändige Unterschrift derzeit alternativlos ist. Dabei hat sie die Absicht der Bundesregierung kritisiert, auf sichere Signaturmöglichkeiten im Besteuerungsverfahren vollständig verzichten zu wollen. Der Eindruck drängt sich auf, dass die Bundesregierung bereit ist, die Sicherheitsstandards abzusenken, wenn dies zur schnelleren Verbreitung elektronischer Kommunikation zwischen den Steuerpflichtigen und der Verwaltung beiträgt. Das aber ist ein Weg, der den Wert der Signatur als gleichwertigen Ersatz für die eigenhändige Unterschrift insgesamt mindert. Mit der gleichen Begründung könnte man die gesetzlich vorgeschriebene eigenhändige Unterschrift unter konventionellen Steuererklärungen (vgl. § 25 Abs. 3 EStG) für verzichtbar erklären.

Die neuen Herausforderungen an den Datenschutz beschränken sich aber nicht auf die sichere Erhebung, Übermittlung und Speicherung von personenbezogenen Daten. Ein grundlegendes Missverständnis des Datenschutzes hat seit jeher darin bestanden, dass es ausreichen würde, möglichst viele Schutzzäune um vorhandene Datenbestände zu ziehen, sich aber keine Gedanken über die Frage zu machen, in welchem Umfang überhaupt Daten erhoben und gesammelt werden sollten. Gerade die jüngsten Vorkommnisse bei der Telekom haben uns daran erinnert, dass es zunehmend schwieriger wird, die immer unübersichtlicher werdenden Datenberge effektiv vor unbefugtem Zugriff zu schützen, zumal unbefugte Zugriffe nicht nur von außen, sondern auch von innen (durch Insider) erfolgen.

Genau aus diesem Grund muss dem Prinzip der Datenvermeidung, der konsequenten Minimierung personenbezogener Daten, das bisher als bloßer Programmsatz im Bundesdatenschutzgesetz steht, zu mehr praktischer Bedeutung verholfen werden. Die Entscheidung des Gesetzgebers für die Vorratsdatenspeicherung von Telekommunikationsverkehrsdaten, deren Vereinbarkeit mit der Verfassung gegenwärtig noch überprüft wird, ist kein Freibrief, nun generell auch in anderen Zusammenhängen zur Bevorratung von Daten für mehr oder weniger bestimmte Zwecke überzugehen.

Vor diesem Hintergrund sind die gegenwärtig auf europäischer Ebene laufenden Beratungen über eine Änderung der Richtlinie zum Datenschutz bei der elektronischen Kommunikation (ePrivacy-Richtlinie) von besonderem Interesse. Auf Druck der Software-Industrie (Business Software Alliance) soll nämlich in diese Richtlinie eine neue Befugnis zur Verarbeitung von Verkehrsdaten für Zwecke der Netz- und Informationssicherheit aufgenommen werden.

Danach soll „jede natürliche oder juristische Person mit einem berechtigten Interesse" befugt sein, über den bisher geltenden Rechtsrahmen hinaus Verkehrsdaten zu verarbeiten, um „technische Maßnahmen zur Gewährleistung der Sicherheit eines öffentlichen Telekommunikationsdienstes, eines öffentlichen oder privaten Telekommunikationsnetzes, eines Dienstes der Informationsgesellschaft oder von Endgeräten zu deren Nutzung" zu ergreifen.

Zur Erinnerung: Das deutsche Telekommunikationsgesetz erlaubt schon heute auf der Grundlage der geltenden Richtlinie in § 100 den Telekommunikationsdiensteanbietern eine zielgerichtete, einzelfallbezogene Datenverarbeitung zur Fehlerbeseitigung und Missbrauchsbekämpfung. Diese Regelung hat sich in der Praxis bewährt. Die Konferenz der Datenschutzbeauftragten hat sich deshalb in einer Entschließung dagegen ausgesprochen, der Software-Industrie, insbesondere den Herstellern von Sicherheitssoftware durch die Aufnahme einer Blankett-Befugnis unabhängig vom Einzelfall die Verarbeitung von personenbezogenen Verkehrsdaten zur Gewährleistung der Netz- und Informationssicherheit zu gestatten. Die Anbieter von Telekommunikationsdiensten und -netzen sind aufgefordert, ihre Systeme so sicher zu gestalten, dass Angriffe von vornherein erfolglos bleiben. Der Hinweis auf die „Informationssicherheit" rechtfertigt es nicht, dass

Verkehrsdaten, die dem Telekommunikationsgeheimnis unterliegen, nahezu uferlos von Dritten verarbeitet werden.

Das Beispiel macht deutlich, dass „Sicherheit" im Sinne von Informationssicherheit nicht gegen den Datenschutz in Stellung gebracht werden darf. Das Grundrecht auf Datenschutz soll den Einzelnen davor schützen, dass sein Verhalten lückenlos registriert wird. In dem Maße, wie wir im täglichen Leben zunehmend von Rechentechnik umgeben werden, wächst die Gefahr, dass umfassende Persönlichkeitsprofile über jeden Menschen angelegt werden. Denn es gibt heute kaum noch eine realistische Chance, sich der automatisierten Datenverarbeitung zu entziehen, die uns umgibt. Das Bundesverfassungsgericht hat die Angewiesenheit des Einzelnen auf diese Technik hervorgehoben. Das aber ist die zentrale Herausforderung an den Datenschutz in der Informationsgesellschaft des 21. Jahrhunderts: die Autonomie des Einzelnen auch unter diesen Bedingungen zu gewährleisten. Nur dann können Sicherheit und Vertrauen entstehen.

10 Fahrzeugsicherheit: Herausforderungen und Lösungen

Walter Franz

DAIMLER

Fahrzeugsicherheit
Herausforderungen und Lösungen

Zusammenfassung

Moderne Fahrzeuge umfassen eine Vielzahl von Kommunikationsnetzen, Rechnern und vernetzten Sensoren bzw. Aktoren. Der Anteil an informationstechnischen Systemen im Fahrzeug steigt unvermindert an und ist eine wesentliche technische Basis für neue Fahrzeugfunktionen. Mit dieser Entwicklung steigt jedoch die Gesamtkomplexität und aus Sicht der IT-Security damit auch die potentielle „Angriffsfläche".

Am Beispiel der Telematik-Domaine im Fahrzeug wird aufgezeigt, dass durch die Integration von Schnittstellen aus der Consumer-/IT-Welt auch Angriffsmethoden aus dieser zu einer potentiellen Bedrohung von Fahrzeugen führen können.

Andererseits können grundlegende Methoden zum Schutz von IT-Systemen auch im Fahrzeug eingesetzt werden. Diese erfordern aber eine zum Teil aufwändige Adaption an die besonderen Randbedingungen des Fahrzeugumfelds. Da die Notwendigkeit und Bedeutung der bisherigen (traditionellen) Schutzmechanismen nicht abnimmt, wird zukünftig eine Kombination von traditionellen Verfahren und neuen aus der IT-Welt stammenden Schutzmethoden notwendig.

2

Bild 1

DAIMLER

Das sichere Fahrzeug – gibt es das ?

Fahrsicherheit („Safety")
- Notwendig, sobald sich das Fahrzeug bewegt
- Beispiele: Fahrerassistenzsysteme, ESP, Pre-Safe

Robustheit, Reife
- Sicherheit der Systeme im laufenden Betrieb

IT-Security
- Betrachtet absichtliche Manipulationen durch intelligente Angreifer
- Ist immer bedroht, sobald es eine Schnittstelle nach außen gibt

4

Bild 2

Ich möchte meinen Vortrag beginnen mit der Frage: Das sichere Fahrzeug, gibt es das überhaupt? Sie merken schon, das ist eine rhetorische Frage. Lassen Sie uns aber diese Frage verwenden, um Fahrzeugsicherheit zu klassifizieren. Wenn wir von Sicherheit reden, kann man zwischen Prozesssicherheit, Sicherheit von IT-Systemem oder IT-Sicherheit in Produkten unterscheiden. Ich möchte heute über das Produkt reden.

Selbst wenn man über das Produkt (das Fahrzeug) redet, muss man Sicherheit weiter unterscheiden. Sie wissen, im Englischen kennt man zwei unterschiedliche Begriffe: Safety und Security. Safety in diesem Kontext betrifft die Fahrsicherheit. Das heißt, wie kann ich das Fahren sicherer machen? Sie wissen vielleicht, wir arbeiten an der Vision des unfallfreien Verkehrs und wir sehen unser Haus als Pionier von vielen solchen Systemen.

Das heutige Thema ist jedoch die Datensicherheit. Auch hier kann man einerseits unterscheiden zwischen der Sicherheit des Systems im Betrieb einschließlich der Reife und der Qualität der Systeme. Und andererseits der IT-Security. Sprich: Wie kann ich die Systeme sicher machen, unter der Annahme, dass ein Angreifer existiert. Wir haben auch heute Morgen gehört: mehr und mehr ist das nicht nur ein Spiel, sondern es gibt Organisationen, die aktiv an Angriffen in der Consumerwelt arbeiten. Und die Frage ist: Wie stark sind die Fahrzeuge bedroht? Das sichere Fahrzeug – gibt es das? Eine rhetorische Frage. Ja, wir tun alles, um das möglichst zu erreichen. Wir alle, die auf dem Gebiet der IT-Security arbeiten, wissen aber auch, eine 100%ige Sicherheit gibt es nicht. Lassen Sie mich Ihnen jetzt erklären, was wir machen, um diesem Ziel möglichst nahe zu kommen.

DAIMLER

Beispiele für Bedrohungen gegen Fahrzeuge

Verlust Integrität
- Freischaltung Video
- Tachomanipulation
- Manipulierter Software-Update

Verlust Verfügbarkeit
- Diebstahl (Fahrzeug, Komponenten)
- Fahrzeugbatterie leeren

Verlust Vertraulichkeit
- Abhören eines Gesprächs über Bluetooth
- Auslesen Telefonbuch

Spezifische Bedrohungen
- Datenschutz
  - Erstellen von Bewegungsprofilen
- C2C Kommunikation
  - Integrität, Vertraulichkeit, Anonymität von Warnnachrichten

photo c't

5

Bild 3

Hier muss man zuerst fragen: Was sind eigentlich typische Bedrohungen? Ich habe die Bedrohungen in drei Klassen eingeteilt, die Sie kennen. Das sind die typischen Klassen von Bedrohungen der IT-Welt. Verlust der Integrität, Verlust der Verfügbarkeit, Verlust der Vertraulichkeit.

Betrachten wir das Fahrzeug, so finden wir diese Bedrohungen ebenfalls:

Verlust der Integrität: Freischalten von Video während der Fahrt ist hier ein Thema. Tachomanipulation ebenfalls. Manipulierter Software-Update kann man auch zu dieser Art Bedrohung zählen. Also – wie Sie sehen – lauter Bedrohungen, bei denen das Fahrzeug bewusst und absichtlich angegriffen bzw. verändert wird.

Verlust der Verfügbarkeit: Ihr Auto wird gestohlen, Sie können nicht mehr darüber verfügen. Oder ein Angreifer versucht durch ständiges Ankoppeln eines Bluetooth-Systems die Fahrzeugbatterie zu schwächen.

Verlust der Vertraulichkeit: Wir haben auch schon gesehen, dass es möglich sein kann – wenn man Bluetooth-Systeme falsch konfiguriert – diese zu nutzen, um Gespräche im Fahrzeug abzuhören. Sicher für manche Angreifer ein interessantes Szenario. Anderes Beispiel: Auslesen des Telefonbuch. Wenn Sie daran denken, dass Sie im Telefonbuch in Ihrem Fahrzeug Ihre Geschäftsdaten gespeichert haben, dann sind Sie sehr stark daran interessiert, dass kein Dritter an diese rankommen kann.

Es gibt dann ferner spezifische Bedrohungen, z.B. im Bereich Datenschutz: Wir bewegen uns mit unseren Fahrzeugen. Das Erstellen von Bewegungsprofilen muss verhindert werden.

Und wenn wir jetzt in die Zukunft schauen – zur Fahrzeug-Fahrzeug-Kommunikation. Wenn wir Warnnachrichten verbreiten, dann müssen diese geschützt werden. Sie können sich vorstellen, was passieren kann, wenn Sie auf der Autobahn bei hoher Geschwindigkeit Nachrichten bekommen, die nicht zutreffen.

Zusammenfassend muss man festhalten: Es existieren Bedrohungen gegen Fahrzeuge. Manche der oben genannten Beispiele sind sicherlich reeller (Tachomanipulation). Manche sind eher akademischer Natur, wie das Beispiel mit dem Angriff auf die Fahrzeugbatterie. Aber nichtsdestotrotz, auch solche Dinge kann man sich vorstellen.

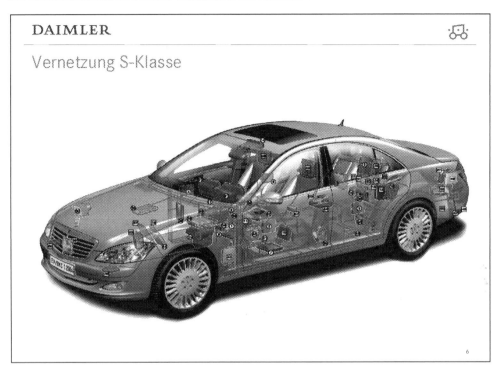

DAIMLER

Vernetzung S-Klasse

Bild 4

Hier sehen Sie eine S-Klasse mit den Steuergeräten, die Sie in einem solchen Fahrzeug haben. Wenn Sie schnell nachzählen – hier sind es 61. Also, doch schon eine ganze Menge. Sie sehen verschiedene Bus-Systeme in verschiedenen Farben: LIN, CAN, MOST – also verschiedene Systeme. Die Farben bedeuten aber auch noch etwas anderes. Wir haben im Fahrzeug verschiedene Domänen. Powertrain, Chassis, Body, bis hin zur Telematik. Diese Domänen sind getrennt, besitzen aber Schnittstellen untereinander.

Die Manipulation von einer jeder dieser Domänen zieht verschieden starke Risiken nach sich. Zum Beispiel ist ein Angriff gegen die Domaine Powertrain sehr gefährlich. Oder ein erfolgreicher Angriff auf Fahrsicherheitsysteme darf eigentlich überhaupt nicht passieren. Das heißt, bezogen auf eine mögliche Bedrohung haben diese verschiedenen Domänen unterschiedliche Schwere in den denkbaren Folgen.

DAIMLER

Traditionelle Ansätze für die Fahrzeugsicherheit

Genaue und durchdachte Spezifikation und Design
 • Das Fahrzeug als Realtime-System erfordert dies grundsätzlich

Tests sind Teil des Entwicklungs-Workflow
 • Stresstests
 • Robustness-Tests gegen bekannte Attacken und (Implementierungs-) Schwachstellen
 • Tests basierend auf Fuzzy-Methoden

Schutzmechanismen für spezielle Funktionen
 • Wegfahrsperre
 • Videoabschaltung während der Fahrt
 • Schutz von Gateways zwischen Fahrzeugnetzen und –Domainen
 • ...

Reichen die traditionellen Ansätze zukünftig aus ?

7

Bild 5

Was sind traditionelle Ansätze?

Man muss zuerst einmal festhalten, das Fahrzeug als Realtime-System ist sehr gut durchspezifiziert. Das macht die Security im Prinzip einfacher. Es ist auch so, dass all diese Fahrzeugsysteme intensiv getestet wurden bzw. werden: Crashtest, Robustnesstest bis hin zu Fuzzy-Tests, mit denen wir auch insbesondere unsere Telematik-Systeme untersuchen bzw. nachweisen, dass unsere Systeme sehr robust sind.

Man hat auch aus diesem Grund in der Vergangenheit Security-Use-Cases sehr stark isoliert betrachtet. Wenn Sie zum Beispiel die Wegfahrsperre betrachten, ist das ein in sich geschlossenes System, das gut funktioniert.

Ich habe vorher schon die Domainen angesprochen. Natürlich sind die Domänen auch gegeneinander gesichert. An Übergängen und Gateways hat man sich sehr gut überlegt, wie man diesen Schutz gewährleisten kann. Es ist auch zu beobachten, dass diese Schutzmechanismen sehr lokal auf die Domäne bezogen sind.

Wir müssen uns die Frage stellen: Reichen diese traditionellen Ansätze zukünftig aus?

DAIMLER

Was hat sich geändert, was ändert sich ?
Beispiel Telematiksysteme

Warum sind Telematiksysteme gefährdet ?
- 15... 20 Mio. Lines of Code im Fahrzeug -
  größter Anteil davon im Telematiksystem

Headunit als multimediales Rechnersystem
- (Standard-) Betriebsystem und Anwendungssoftware
- Festplatte, Multimedia-Bus (MOST), CAN
- Schnittstellen: USB, SD-Card, PC-Card
- CD/DVD-Laufwerke
- Luftschnittstellen: BT, WLAN, Mobilfunknetze, Radio, TV
- Schnittstellen für Mediengeräte (iPod)

Schnittstellen zu anderen Fahrzeugdomainen
- Body, Chassis, Comfort

Aus IT-Security-Sicht drängt sich die Frage auf:
Wo liegt der Unterschied zur Consumer-/IT-Welt ?

8

Bild 6

Um diese Frage beantworten zu können, müssen wir zuerst einmal überlegen, was hat sich eigentlich geändert bzw. was ändert sich im Moment? Hier möchte ich insbesondere auf das Telematik-System eingehen. Warum? Weil einerseits von diesen 15 bis 20 Millionen Zeilen Code, die wir im Fahrzeug haben, der größte Anteil davon doch im Telematik-System ist. Und weil sich hier in der Vergangenheit oder nahen Zukunft am meisten geändert hat, bzw. ändern wird. Wir haben in der Telematik die Head Unit als Basissystem. Im Grunde ist das heute ein multimedialer Rechner mit Festplatte, und mit einem Betriebssystem, das auf einem Standardbetriebssystem aufbauen kann.

Wir haben Anwendungssoftware. Was jetzt immer mehr und mehr ersichtlich wird, wir haben immer mehr Schnittstellen. USB, SD-Karten, PC-Slots. Wir haben Laufwerke, CD, DVD, vielleicht auch in einigen Jahren Blu-ray. Wir haben Luftschnittstellen, was das gesamte System besonders angreifbar macht. Man muss dann nicht mehr zum Fahrzeug hin oder in das Fahrzeug rein, sondern kann eventuell sogar von außen das Fahrzeug angreifen. Wir haben Schnittstellen für intelligente Mediengeräte, wie den iPod, die sich ständig schnell weiterentwickeln. Und, wie schon vorhin erwähnt, wir haben auch Schnittstellen aus der Telematik und anderen Domänen. Das heißt, hier haben wir zum Beispiel auch die Fragestellung:

Wie können wir die Telematik-Domain so absichern, dass sie nicht als Eingangstor zu den anderen Domänen genutzt werden können.

DAIMLER

Consumer(IT)- und Fahrzeugwelt

Da die Schnittstellen zur Headunit aus der IT-Welt kommen, können Methoden aus der IT-Welt für einen Angriff auf zukünftige Fahrzeug-Telematiksysteme adaptiert werden

Beispiele:
- Bluetooth, WLAN, Internet
- Hackertools, Know-How

Inwieweit eignen sich die bekannten Methoden und Werkzeuge der IT-Security zum Schutz von Systemen und Daten?
- Obwohl die Bedrohungsszenarien verschieden sind
- Obwohl wesentliche Randbedingungen verschieden sind

9

Bild 7

Man hat im Fahrzeug ein Rechensystem, das sich schon sehr stark an einen multimedialen Rechner annähert – bekannt aus der Consumerwelt. Und dann stellt sich die Frage: Wo liegt eigentlich der Unterschied in der IT- Security beider Welten? Oder anders gefragt: Kann man Angriffe, die sich in der IT-Welt entwickeln, auf das Fahrzeug adaptieren? Und wenn ja, was können wir dagegen tun? Ich habe es jetzt als Frage formuliert, aber letztendlich muss man damit rechnen, dass Angriffs-Szenarien-Know-how aus der Internetwelt irgendwann auch auf das Fahrzeug angewendet werden kann, so dass sich für uns die Frage stellt: Wie können wir die bekannten Methoden aus der IT-Security adaptieren, um eben soweit wie möglich zu verhindern, dass ein Angriff auf das Fahrzeug erfolgreich ist? Und das, obwohl die Bedrohungsszenarien und die Randbedingungen sich im Detail dann doch unterscheiden. Wie, das möchte ich Ihnen jetzt mit den nächsten zwei Folien zeigen.

DAIMLER

Bedrohungsszenarien

Die Angriffsintentionen aus IT- und Fahrzeugwelt können zwar in gleiche Kategorien eingeteilt werden, die Bedrohungsszenarien sind jedoch unterschiedlich

Angriffsintention	Consumerwelt	Fahrzeugwelt
Finanzieller Vorteil	Spying (PIN, TAN), Phishing, Urheberrechtsverletzungen	Diebstahl von Fahrzeug oder Komponenten, Tachomanipulation, Maut prellen, Kopieren von Navi-Daten,
Missbrauch des Systems	Bot-Nets, Adware	Chip Tuning, Aktivierung Video während der Fahrt, Fälschung Verkehrsnachrichten
Verlust der Verfügbarkeit	Denial of Service-Angriffe gegen Rechner, Server, Netze	Blockieren von Funktionen, DoS-Angriffe gegen das Fahrzeug; Leersaugen der Batterie durch Bluetooth-Attacken
Körperverletzung	(IT generell: Angriffe auf Krankenhäuser, Flugzeuge)	Angriffe auf Fahrerassistenzsysteme, Unfall durch Fehlinformation, Erschrecken oder Ablenken des Fahrers
Datenschutz	Ausspionieren geheimer Daten, Spy-Software	Erstellen von Bewegungsprofilen, Abhören des Innenraums über Bluetooth

10

Bild 8

Bedrohungsszenarien. Man kann die Angriffsintention in folgende Klassen einteilen: Finanzieller Vorteil, Missbrauch des Systems, Verlust der Verfügbarkeit, Körperverletzung, Datenschutz. Und man kann sowohl in der Consumerwelt als auch aus der Fahrzeugwelt Beispiele finden. Wir haben es heute Morgen oder im Laufe des Tages schon gehört: In der IT-Welt stehen sicherlich illegale finanzielle Vorteile im Vordergrund. Beim Fahrzeug denkt man dann eher an Dinge, wie Tachomanipulation oder Diebstahl von Komponenten oder vom Fahrzeug selbst. Was beim Fahrzeug natürlich auch im Vordergrund steht ist Körperverletzung. Wenn ich während des Fahrens das Fahrzeug störe, damit den Fahrer erschrecke oder ablenke, dann kann man eigentlich oder man muss sogar befürchten, dass ein Unfall folgt. Man sieht diese Unterschiede, wenn man die zwei Spalten betrachtet.

DAIMLER

Randbedingungen aus der Fahrzeugwelt

Randbedingungen für den Betrieb und Schutz von Fahrzeugen unterscheiden sich signifikant von der Consumer-/ IT-Welt

Anderes Marktumfeld:
- Keine Toleranz der Kunden ggü. Fehlfunktionen
- Der Fahrer ist kein System-Administrator
  - Autonome Funktion
- Geschlossenes System: OEMs legen SW fest
- Lange Entwicklungs- und Lebenszyklen
- Fahrerassistenzsysteme dürfen auf keinen Fall gefährdet werden können

Andere technische, organisatorische Randb.
- Software lässt sich nicht täglich patchen/updaten
- Schnittstellen zu anderen Domains (Chassis, Body) mit anderen Aufgaben, Komponenten, Netzen
- Integration in den Fahrzeug-Produktionsprozess

Zusätzliche zukünftige Herausforderungen
- Übertragung von Warnnachrichten (C2C Com.)
- Digital Rights Management

Downloading of a security patch at a speed of 200 km/h should be handled by the system itself and not by an EULA acceptance routine

Bild 9

In diesem Zusammenhang sind auch die Randbedingungen wichtig, die wir im Fahrzeugumfeld vorfinden. Insbesondere die des Marktumfeldes: Zum einen haben wir keine Toleranz unserer Kunden gegenüber Fehlfunktionen. Egal, ob das eine Fehlfunktion vom System ist oder ob ein Effekt aus einem Angriff resultiert. Letztendlich wollen unsere Kunden, dass das Fahrzeug sicher ist. Dafür haben sie viel Geld bezahlt und da gibt es keine Toleranz. Ganz im Gegensatz, wenn Sie zum Beispiel daheim Ihren Rechner selber verwalten.

Und das ist schon der zweite Punkt: Unsere Kunden sind keine Systemadministratoren. Wir können unseren Kunden nicht zumuten, eine Software aufzuspielen. Oder stellen Sie sich vor: Sie fahren 200, dann poppt eine EULA Vereinbarung hoch und der Fahrer soll dann irgendetwas machen. Undenkbar im Fahrzeug. Also das Fahrzeug muss autonom funktionieren. Dafür hat natürlich der Automobilhersteller auch stärkeren Zugriff auf die Software. Er bestimmt im Grunde, welche Software auf dem Fahrzeug läuft. Was uns hier aus IT-Security-Sicht zugute kommt. Anders als im IT-Umfeld haben wir relativ lange Entwicklungszeiten und auch Laufzeiten unserer Fahrzeuge. Und, wie auch eingangs schon gesagt, gibt es Systeme, die müssen sehr sicher sein. Wie eingangs gesagt, Fahrerassistenzsysteme müssen sehr stark geschützt werden. Vielleicht auch ein Unterschied zur IT-Welt, obwohl ich da nicht sicher bin, ob es dort Bereiche gibt, in denen ebenfalls derartige hohe Sicherheit gefordert ist.

Andere organisatorische und technische Randbedingungen. Wir können die Software nicht täglich updaten oder patchen lassen. Wenn ich höre oder lese, dass Symantec zum Beispiel jetzt sagt, Update einmal am Tag reicht nicht mehr und wir wollen alle halbe Stunde einen Minipatch einspielen, für uns undenkbar. Auf die Schnittstellen zu anderen Domains bin ich schon eingegangen.

Noch ein Punkt: Integration im Fahrzeugproduktionsprozess. Ein Gerät (zum Beispiel eine Headunit) am Bandende zu individualisieren bringt für die IT-Security schwierige Randbedingungen mit sich.

Last not least gibt es weitere Felder, wie Übertragung von Warnnachrichten oder Digital Rights Management, die in Forschung und Entwicklung derzeit heiß diskutierte Themen sind.

Bild 10

Sie haben gesehen, die Randbedingungen sind zwar unterschiedlich, aber letztendlich haben wir dann immer noch vorher genannte Schnittstellen und den multimedialen Rechner im Fahrzeug. Die Frage ist: Was für Methoden für Abwehrmaßnahmen können wir einsetzen? Ich habe einige aufgeschrieben.

Wenn man sich die Liste anschaut sehen Sie, es gibt dann doch viele Verfahren, die entweder schon im Fahrzeug sind oder die wir gerade intensiv diskutieren. Firewall-Konzepte haben wir, Kryptografie wurde an der einen oder anderen Ecke eingesetzt, sichere Protokolle sind ein Thema, genauso wie mechanische Encapsulation von Steuergeräten. Hardening von Plattformen, Betriebssysteme ist ein wichtiges Thema. Wie kann ich diese sicherer gestalten, z.B. Bootsektoren schützen. Sandboxing. Trusted Computerplattformen. Digitale Signaturen – ein wichtiges Thema bei Software-Update, haben wir bereits im Einsatz. Digital Rights Managements zum Softwarefreischalten. Sie kennen vielleicht den dazugehörigen HIS-Standard.

Aber auch Digital Rights Management, Copy Protection also, Verfahren, die Sie z.B. auf DVDs finden. Wenn wir DVD im Fahrzeug anzeigen möchten oder später in einigen Jahren vielleicht HD-Video, ist dies natürlich ein Thema, das wir dann auch mit adressieren müssen. Authentfizierung und so weiter.

Wie Sie sehen, gibt eine ganze Reihe von Verfahren, die wir schon im Fahrzeug haben bzw. die diskutiert werden, und die letzendlich aus der IT-Welt stammen. Die Frage ist: Kann man sie so einfach übernehmen, bzw. wie muss man diese anpassen? Ich werde Ihnen mit den nächsten drei Folien anhand von drei Beispielen zeigen, was die Problematiken sind, um Ihnen ein bisschen ein Gefühl zu geben, wo die Unterschiede von Fahrzeugwelten und IT-Welten liegen.

DAIMLER

Beispiel: Einsatz von Firewall-Systemen im Fahrzeug

Firewalls in der IT-Welt
- Kontrollieren den Zugang zu einem Internet-Rechner
- Schützen Übergänge in Netzen

Sicherung des Zugangs zum Fahrzeug
- Consumer-Schnittstellen zum Fahrzeug

Sicherung der internen Fahrzeugnetze
- Gateways zwischen Netzen und Domainen

Weitere Herausforderung im Fahrzeug
- Wartungs-Schnittstellen
- Sicherstellung Update-Funktion

Firewall-Technologien werden im Fahrzeug in steigenden Umfang eingesetzt werden

Sowohl Konfiguration, Aufgabe und Policies unterscheiden sich wesentlich von der Consumer-/IT-Welt

13

Bild 11

Das erste Beispiel ist dasjenige, bei dem wir sehr nahe an der IT-Welt sind. Wenn wir über Firewall-Systeme, über Firewall-Konzepte reden, einmal um das Fahrzeug nach außen zu schützen, zum anderen um auch die internen Schnittstellen zu sichern, dann sind wir schon sehr nahe an der IT-Welt. Natürlich müssen wir schon überlegen, wie die Policies, wie die Aufgaben der Firewall, wie die Konfiguration dann spezifiziert wird. Insbesondere dann, wenn wir ins Fahrzeug reingehen und die verschiedenen Domänen voneinander abgrenzen. Hier unterscheidet sich die Art und Weise, wie solche Grenze dann gestaltet wird, doch deutlich von der IT-Welt.

DAIMLER

Beispiel:
Datensicherheit durch robuste Telematik-Architektur

Durch Integration von Sicherheitsmaßnahmen in die Systemarchitektur lassen sich die Erfolgschancen von Angriffen minimieren

Beispiele
- Virtualisieren des Betriebssystems (Sandboxing)
- Konsequente Access Control (intern, extern)
- Ausgereifte Standardsoftware
- Anwendung Kerkhoffs-Prinzip:
  - Offene Algorithmen
  - Sicheres Speichern von Schlüsseln
- Absichern kritischer Information und Zugriffe

- Testen, testen, testen:
  - Viele Angriffe nutzen Schwachstellen bzw. Implementierungsfehler aus, diese müssen in der Entwicklungs- bzw. Implementierungsphase so weit als möglich erkannt und behoben werden

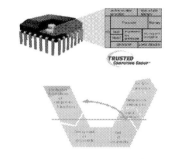

14

Bild 12

Das zweite Beispiel ist ein Feld, das uns ebenfalls stark umtreibt und in das wir daher viel Arbeit auch in der Vorentwicklung investieren. Sie sagen zu Recht, das sind eigentlich Dinge, die ich von jedem guten Computer erwarten würde. Wenn ich überlege, wie kann ich das Betriebssystem virtualisieren? Also, Sandboxing einbauen, konsequente Zugriffsrechte umsetzen. Wie kann ich sicherstellen, dass die Software, die ich dann einsetze, möglichst ausgereift ist? Oder Algorithmen nach dem Kerkhoff-Prinzip mit Schlüsselverwaltung. Bis hin zur Frage: Wie kann ich besonders kritische Informationen, Zugriffe absichern? Das sind eigentlich Dinge, die ich von einem normalen Rechner erwarten würde. Jetzt müssen Sie sich aber vorstellen, Sie haben einen Rechner daheim. Was passiert mit dem? Alle zwei Wochen oder einmal im Monat, vielleicht sogar täglich, kriegen Sie da einen Patch, ein Update, wenn es ein Internetrechner ist. Das heißt, man spielt Software auf, die eigentlich ständig weiter entwickelt wird, ständig upgedatet wird. Wir können das im Fahrzeug nicht. Die Konsequenz, die wir da haben ist, dass wir besonders auf die hier gezeigten Dinge achten müssen, um die Systeme, die wir ins Fahrzeug bringen, schon von vorneherein besonders sicher zu machen. Und insofern ist das ein Thema, in das wir besonders viel Energie und besonders viel Aufwand reinstecken. Wenn man dann auf der anderen Seite den Entwicklungsprozess betrachtet, bedeutet das natürlich auch, wenn wir dann von unseren Zulieferern, die die Geräte programmieren bzw. implementieren, die Geräte bekommen, diese dann auch sehr intensiv testen. Und zwar in alle Richtungen, auch in Richtung IT-Security, um eben ein möglichst ausgereiftes System danach im Fahrzeug zu haben.

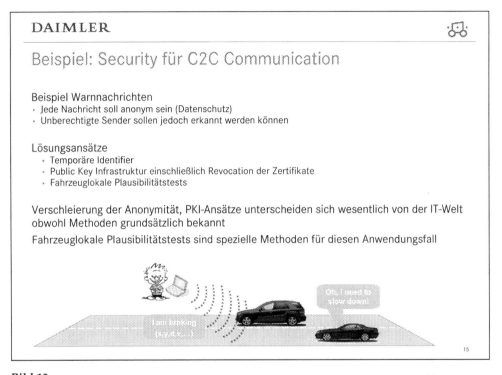

Bild 13

Nun ein Beispiel aus dem Thema Fahrzeug-Fahrzeug-Kommunikation, das zur Idee, Verfahren aus der IT-Welt/Consumerwelt zu übernehmen, nicht passt, um Ihnen zu zeigen, dass es auch neuartige IT Security-Herausforderungen für Fahrzeuge gibt. Hier oben im Bild sehen Sie einen etwas diebisch dreinschauenden jungen Mann, der vom Notebook aus eine Warnnachricht an ein Fahrzeug schickt. Nehmen wir an, eine gefälschte Staumeldung. Die Fahrzeuge empfangen diese und bremsen dann. Dieses Angriffsszenarium aus der Fahrzeug-Fahrzeug-Kommunikation ist wissenschaftlich interessant, weil es theoretisch genügt, eine einzige gefälschte Nachricht zu senden. Und Sie müssen anhand dieser Nachricht schon erkennen können, ob das eine gefälschte Nachricht oder eine gültige Nachricht ist. Und der Absender soll anonym sein. Aus Datenschutzgründen können wir uns nicht leisten, einen Identifier vom Auto oder vom Passagier mitzugeben.

Letztendlich ein Thema, das in der Wissenschaft derzeit sehr intensiv bearbeitet wird. Es gibt da zwei Ansätze. Der erste Ansatz geht in Richtung einer Public Key-Infrastruktur, die sehr groß werden würde. Die es auch ermöglichen müsste, dass ich Zertifikate, die ich vergebe, auch wieder einziehen kann. Jetzt können Sie sich einmal vorstellen, in Deutschland haben wir rund 50 Millionen Fahrzeuge, in den USA mehrere hundert Millionen Fahrzeuge. In jedem Land sind die Regulierungen für derartige öffentliche Systeme etwas anders. Wenn man dann an die Umsetzung denkt, erkennt man – es ist ein sehr ambitionierter Vorschlag. Würde aber im Grunde das Problem bis zu einem gewissen Grade dann auch lösen.

Die andere Schule geht in die Richtung fahrzeuglokaler Plausibilitätstests. Die Idee basiert darauf, dass sie die Fahrzeuge kennen, die um sie herum fahren. Bei diesen Verfahren werden regelmäßig Steuernachrichten ausgetauscht und Sie können anhand von Plausibilitätstests nachprüfen, ob sich das Fahrzeug richtig verhält. Wenn ein Fahrzeug plötzlich springt oder zu schnell fährt oder plötzlich auftaucht, dann haben Sie eine gute Wahrscheinlichkeit erkennen zu können, dass etwas nicht stimmt. Man kommt allerdings mit diesen Ansätzen aus Security-Gesichtspunkten vermutlich nicht ganz so weit im Vergleich zum Infrastrukturansatz. Diese Verfahren haben aber natürlich den Charme, dass sie lokal im Auto implementiert werden können.

Temporäre Identifier stehen dann noch als Lösungsansätze im Raume. Ein interessanter Ansatz. Hier wechselt das Fahrzeug ständig seine MAC-Adresse. Hiermit lässt sich verhindern, dass ein Bewegungsprofil erstellt werden kann. Grundsätzlich gilt: Wenn Sie eine Nachricht empfangen, können Sie in Erfahrung bringen, welches Fahrzeug es ist, d.h. Identifier und Fahrzeug zuordnen. Wenn Sie z.B. sehen, das Fahrzeug ist von einem Politiker und von einem VIP, dann können Sie ja anhand des Identifiers die Fahrzeugbewegungen verfolgen. Wenn jetzt aber das Fahrzeug ständig seinen Identifier wechselt, dann verlieren Sie nach kurzer Zeit wieder die Spur.

Was ich Ihnen mit dieser Folie zeigen wollte, ist die andere Seite des Spektrums, d.h. ein Beispiel eines Themas, bei dem es keine direkt verwendbaren Verfahren in der IT-Welt gibt und bei dem Basistechnologien neu angepasst bzw. sogar zum Teil neu entwickelt werden müssen.

Sie haben gesehen: Das Spektrum von denkbaren Verfahren reicht von Firewall-Konzepten, die grundsätzlich bekannt sind, bis hin zu Problemstellungen, die in der IT-Welt eigentlich so gar nicht auftreten. Hier müssen wir dann Basistechnologien adaptieren oder sogar neue Wege gehen.

DAIMLER

Schlussfolgerungen

* Neue Anwendungen, Funktionen im und neue Schnittstellen zum Fahrzeug (insbesondere zur Telematik-Domaine) ermöglichen die Adaption von Angriffsmethoden aus der IT-Welt für eine Bedrohung von Fahrzeugsystemen
* Schutzmethoden aus der IT-Welt lassen sich anwenden, müssen aber auf die Randbedingungen des Fahrzeugumfelds angepasst werden
* Ein wesentlicher Unterschied zwischen IT-Welt und Fahrzeugwelt sind die unterschiedlichen Möglichkeiten zum Update von Software der IT-Systeme bzw. Fahrzeuge im Feld

Kombinationen aus traditionellen Verfahren aus dem Fahrzeugumfeld und angepassten Schutz-Methoden aus der IT-Welt werden notwendig

* Beispiele:
  * Firewall für Schutz der Schnittstellen extern, aber auch intern bei Netzübergängen
    * Adaptierte Firewall-Policies
  * Hardening Betriebssysteme (Sandboxing, Zugriffskontrolle, Intrusion Detection Systems)
  * Zunehmender Einsatz von ausgereifter Standardsoftware
  * Domainenspezifische und –übergreifende Access-Policies
  * Sicherer Speicher als „Security-Anker"
  * Hoher Reifegrad der Systeme durch intensive Tests

16

Bild 14

Was für Schlussfolgerungen können wir jetzt aus meinem Vortrag ziehen? Das erste, was ich Ihnen verdeutlichen wollte ist: Wir bekommen immer mehr Schnittstellen, immer mehr Systeme in die Fahrzeuge. Wir nähern uns somit mit dem Fahrzeug der IT-Welt sehr stark an. Wir müssen damit rechnen, dass auch Angriffs-Know-how, Verfahren aus der Internetwelt früher oder später adaptiert werden und auf das Fahrzeug angewendet werden können. Wir überlegen uns, wie wir Lösungen, die wir in der IT-Welt finden, an die Fahrzeugumgebung anpassen können. Auf einen Punkt bin ich etwas näher eingegangen und dieser beinhaltet einen wesentlichen Unterschied, der uns das Leben nicht erleichtert. In der IT-Welt basiert sehr viel darauf, dass ich die Systeme patchen, also nachträglich verbessern kann. Wir können das im Fahrzeug nicht in dieser Schnelle und in dieser Intensität machen. Wir sind daher gezwungen, die Methoden, die wir anwenden, uns sehr genau zu überlegen und versuchen die Systeme, die wir einbauen, widerstandsfähiger zu machen – d.h. von vorneweg robuster zu spezifizieren als die Systeme, die es in der Consumerwelt gibt. Und ich habe Ihnen auch gezeigt, dass sich manche Dinge leicht anpassen lassen. Es gibt dann aber auch Felder, die eigentlich keine entsprechende Technik aus der IT-Welt haben, wie im gezeigten Beispiel aus der Fahrzeug-Fahrzeug-Kommunikation. Damit möchte ich schließen.

11 IT-Sicherheit im Automobil

Jan Pelzl

Bevor ich mit dem Vortrag starte, möchte ich einige Worte zu unserer Firma escrypt sagen und auch einige Worte an Herrn Posegga richten. Wir schaffen durch IT-Security mehr Wert. Allerdings ist es nicht immer so einfach, die Verwendung von IT-Security bei Kunden zu rechtfertigen. Deswegen kommen Kunden oft erst zu uns, wenn es zu spät ist. Wenn man sozusagen im Nachgang noch versuchen muss, ein System zu retten. Die Firma escrypt ist im Bereich der eingebetteten Sicherheit tätig. Wir sind ein Systemhaus und bieten Lösungen von der Konzeption bis hin zur Realisierung an. Automotive ist ein wichtiges Standbein für uns. In dem Bereich der Automotive-Security sind wir groß geworden, gehen aber mittlerweile auch mit der IT-Security in verschiedene andere Bereiche und Anwendungen abseits von Automotive. Wir haben auch Anwendungsfälle z.B. bei Schweißgeräten und Alarmanlagen, wo Mehrwert durch IT-Sicherheit geschaffen werden kann.

Der Vortrag heute wird sich im Wesentlichen mit der Automotive-Security beschäftigen. Dabei möchte ich im Wesentlichen auch an das, was Herr Dr. Franz schon gesagt hat, anknüpfen.

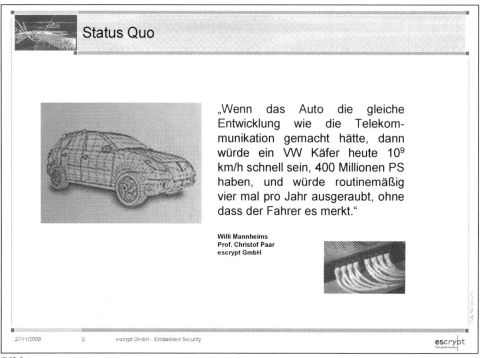

Bild 1

Unsere beiden Firmengründer haben einmal – und das ist eigentlich ein ganz schönes Zitat, um den Vortrag einzuleiten – Folgendes gesagt: „Wenn das Auto die gleiche Entwicklung wie die Telekommunikation gemacht hätte, dann würde ein VW Käfer heute 10^9 km/h schnell sein, 400 Millionen PS haben und würde routinemäßig viermal pro Jahr ausgeraubt ohne dass der Fahrer es merkt".

Das zeigt schon, dass die IT-Sicherheit im Automobil nicht das Gleiche ist, wie IT-Sicherheit in konventionellen Netzwerken. Im Automobil muss man auf viele besondere Rahmenbedingungen – wir haben es gerade sehr eindrucksvoll gehört – achten, um vor allem die Safety, also die Sicherheit des Fahrers und der Umwelt, zu gewährleisten. In diesem Fall bedeutet IT-Sicherheit schon etwas mehr als beispielsweise nur ein Virenscanner zu installieren.

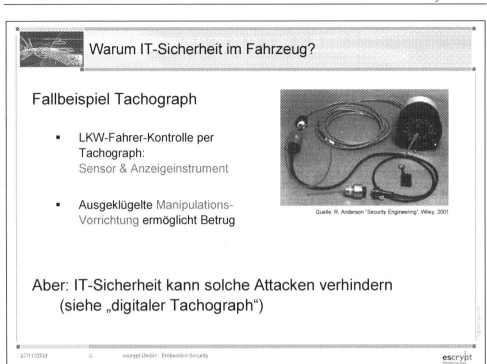

Warum IT-Sicherheit im Fahrzeug?

Fallbeispiel Tachograph

- LKW-Fahrer-Kontrolle per
  Tachograph:
  Sensor & Anzeigeinstrument

- Ausgeklügelte Manipulations-
  Vorrichtung ermöglicht Betrug

Quelle: R. Anderson "Security Engineering", Wiley, 2001

Aber: IT-Sicherheit kann solche Attacken verhindern
    (siehe „digitaler Tachograph")

27/11/2008   3   escrypt GmbH - Embedded Security   escrypt

Bild 2

Ich möchte einige einfache Beispiele nennen, die Ihnen relativ einfach darlegen, warum IT-Sicherheit eine Lösung zu Problemen bietet und warum man damit die Automotive-Welt verbessern kann. Ein Beispiel ist der Tachograph, also der Fahrtenschreiber, deren Verwendung im Lkw vorgeschrieben ist. Die ursprüngliche Version besteht aus einem Sensor und einem Anzeigerinstrument. Das heißt, hier haben wir einen Sensor, der Impulse abgibt. Die Impulse werden je nach Geschwindigkeit an das Anzeigeinstrument und den Fahrtenschreiber übermittelt. Es haben sich schon relativ früh Leute Gedanken gemacht, wie man das System überlisten kann und haben eine Manipulationsvorrichtung, das ist hier dieses Kabel (Bild 2), zusammen mit dieser Fernbedienung konstruiert, wodurch beispielsweise nur jeder zweite oder jeder dritte Impuls durchgelassen wird. Man konnte damit gezielt Impulse ausblenden und damit das Logging entsprechend manipulieren. Mittlerweile verwendet man den digitalen Tachographen, der mit moderner IT-Sicherheit solche Manipulationen verhindert. In diesem Fall sind die Sicherheitsgrenzen sehr hoch gesetzt, das heißt, hier ist es wirklich nicht mehr einfach, das Gerät zu manipulieren. Bisher ist da auch noch nichts passiert, weil die IT-Sicherheit, die hier eingebracht wurde, im digitalen Tachographen schon sehr hoch ist. IT-Sicherheit hat also eine entsprechende Lösung geboten.

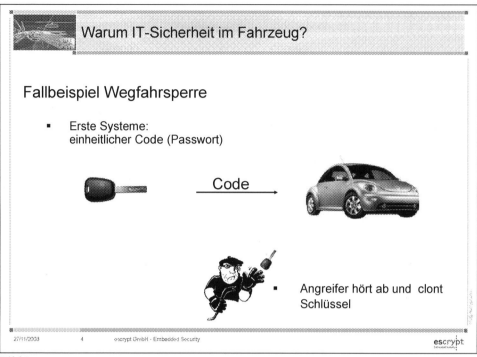

Bild 3

Das andere Beispiel kennen Sie sicherlich ebenfalls: die Wegfahrsperre. Die Einführung der Wegfahrsperre hat letztlich dazu geführt, dass weniger Autos gestohlen werden. Bei den ersten Wegfahrsperren gab es relativ einfache Funktionen, wo man beispielsweise mit dem Schlüssel einen festen Code übermittelt hat und danach erst den Motor starten konnte. Dieses Verfahren ist mittlerweile nicht mehr sicher, weil man als Angreifer die Kommunikation abhören kann, den Code reproduzieren und damit das Automobil starten kann.

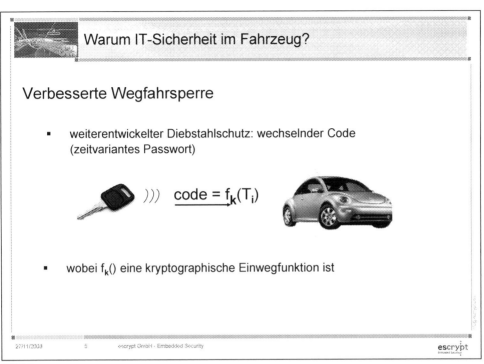

Bild 4

Heutzutage verwendet man wesentlich komplexere Verfahren, die unter anderem die Daten über die Zeit verändern. Jedes mal, wenn ich den Motor starte, werden andere Daten übermittelt. Ferner hängt die Wegfahrsperre häufig noch von mehreren Komponenten im Fahrzeug ab, das heißt, das Ganze ist schon wesentlich komplexer, um letztlich zu verhindern, dass ein Fahrzeug einfach gestohlen werden kann.

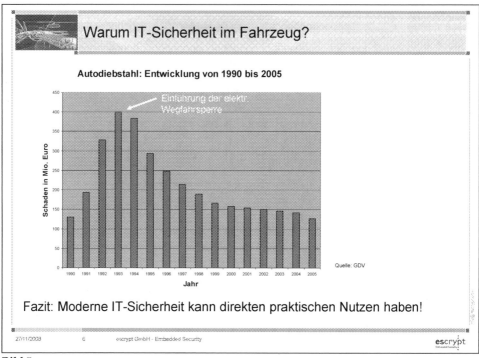

Bild 5

Wir sehen eine Statistik, die bis ins Jahr 2005 geht. Man sieht, dass ab der Einführung der Wegfahrsperre der Schaden durch Autodiebstahl rapide abgenommen hat. Die Wegfahrsperre hat die Statistik nicht schlagartig geändert, da diese neue Wegfahrsperre erst einmal den Markt sättigen muss. In diesem Fall hat die IT-Sicherheit klaren praktischen Nutzen gehabt.

Welche Dienste bietet die IT-Sicherheit

- Feststellung der Authentizität, z.B. von
  - Autoschlüsseln
  - Software-Komponenten
  - Hardware-Komponenten
  - Diagnose-Geräten
  - ...

- Integrität von Software und Hardware

- Vertraulichkeit, z.B. von
  - Fahrerinformationen (Navigationsziele, Personalisierung, Telefonbuch, ...)
  - Fahrzeugdaten (Diagnose-Daten, Software-Komponenten, ...)

- Nicht-Zurückweisbarkeit (bei elektr. Signatur von Daten)

27/11/2003   7   escrypt GmbH - Embedded Security   escrypt

Bild 6

Welche Dienste kann ich mit IT-Sicherheit überhaupt abdecken? Was bietet mir die IT-Sicherheit überhaupt? Man kann z.B. mit Maßnahmen der IT-Sicherheit Authentizität feststellen. Man kann feststellen, ob ein zugelassener Autoschlüssel verwendet wird. Man kann Software-Komponenten authentifizieren, um z.B. festzustellen, ob überhaupt der richtige Code ausgeführt wird. Ferner kann man Hardware-Komponenten authentisieren. Dies ist besonders interessant, wenn man sich vor Plagiaten schützen will. Das heißt, man kann gezielt verschiedene Komponenten authentisieren und dann entsprechende Maßnahmen durchführen, wenn eine Komponente als nicht original identifiziert wird. Es lassen sich auch Diagnosegeräte authentisieren. So verhindert man Chip-Tuning, also unauthorisierte Veränderungen von Einstellungen und Software. Kryptografie oder Datensicherheit kann natürlich auch Integrität von Software und Hardware feststellen. Man kann Vertraulichkeit durch Verschlüsselung implementieren. Dies ist beispielsweise für private Fahrerinformationen, Navigationsziele, Personalisierungsinformationen im Fahrzeug, Telefonbuch oder ähnliche Sachen wichtig. Bei Fahrzeugdaten ist es ebenfalls interessant, etwa Diagnosedaten oder ganze Softwarekomponenten verschlüsselt ablegen zu können. Eine weitere Eigenschaft, welche IT-Sicherheit bietet, ist die Nicht-Zurückweisbarkeit. Das heißt, man kann eine Nachrichtenerstellung beweisbar einer Komponente zuordnen.

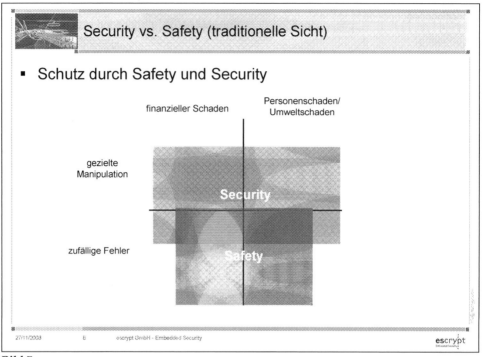

Bild 7

Im Bereich Automotive, das haben wir auch im vorherigen Vortrag gehört, ist der Unterschied zwischen Safety/Reliability und Security wichtig. Mit Maßnahmen der Safety kann man im Wesentlichen zufällige Fehler beheben oder auch vermeiden. Beispielsweise Bitkipper oder irgendwelche Ausfälle können Sie durch entsprechende Verfahren kompensieren. Mit IT-Security können Sie sogar noch etwas weiter gehen und gezielte Manipulation verhindern. Das ist eine Eigenschaft, die mit Safety alleine nicht geht. Das heißt, Safety-Mechanismen schaffen es nicht, gezielte Manipulationen zu verhindern.

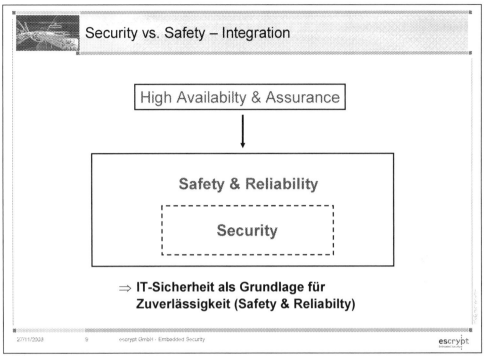

Bild 8

Es gibt aber auch eine gewisse Überlappung: Mit Security kann man auch die Integrität überprüfen. Durch die historische Entwicklung gibt es eine Koexistenz dieser beiden Felder in vielen Applikationen. Mittlerweile ist es allerdings so, dass die IT-Security auch viele Möglichkeiten bietet, die Safety zu unterstützen. Wenn Sie beispielsweise an Software-Updates denken, können Sie mit Maßnahmen der IT-Sicherheit sicherstellen, dass wirklich nur eine autorisierte Software in das Fahrzeug eingebracht wird und damit z.B. Chip-Tuning und andere Manipulationen verhindert werden. Hierdurch steigern Sie aber auch die Safety, weil Sie nur die geprüfte Software vom Hersteller zulassen und Fehlverhalten damit eingrenzen. IT-Sicherheit ist hier die Grundlage für Zuverlässigkeit und Safety und spielt eine integrale Rolle.

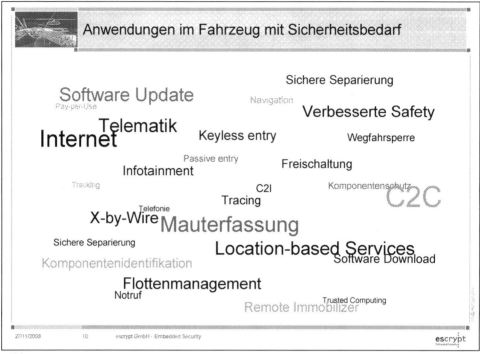

Bild 9

Welche Anwendungen haben wir überhaupt in Fahrzeugen mit Sicherheitsbedarf? Ich habe auf dieser Folie einmal eine einfache Zusammenstellung von möglichen Themen erstellt. Dies sind sicherlich auch Themen, die teilweise bei anderen embedded Systemen auftauchen. Aber insbesondere im Fahrzeug haben Sie eine vielseitige Verwendung von IT-Sicherheit. Nehmen wir z.B. Flottenmanagement: Als LKW-Betreiber möchten Sie beispielsweise über ein Web-Interface die Positionierung bestimmen und wichtige weitere Daten aus dem Fahrzeug zur Verfügung gestellt bekommen. Sie möchten beispielsweise sehen, wie hoch der Öldruck ist, wie andere Parameter des Fahrzeugs aussehen und Sie können feststellen, ob das Fahrzeug seine vorgesehene Route verlassen hat (Geofencing). Damit nicht jeder Zugriff auf diese Daten hat und Daten nicht manipuliert werden können, ist hierbei der Einsatz von IT-Sicherheit unumgänglich.

Andere Themen haben wir auch schon besprochen. Z.B. Car-to-Car-Kommunikation, Car-to-Infrastruktur, und Mauterfassung sind Themen mit relativ hohen Sicherheitsanforderungen. Natürlich möchte man sichergehen, dass die Mauterfassung funktioniert und sich keiner der Gebührenerhebung entzieht. Wichtige Themen in denen heute schon IT-Sicherheit eingesetzt wird, sind Software-Updates und Software-Downloads. Die Freischaltung von Funktionsmerkmalen ist ein Thema, welches immer wichtiger wird. Sie haben beispielsweise heute im Fahrzeug Funktionsfreischaltung im Bereich der Navigationsgeräte und können Kartenmaterial freischalten. Zukünftig werden wir auch Motorleistung und weitere Fahrfunktionen freischalten können. Sie können z.B. originale Ersatzteile oder Verbrauchsmaterial erkennen (Komponentenidentifikation). Diese Themen sind schon relativ komplex und wir haben eine Vielzahl von Anwendungen im Bereich des Automobils, die IT-Sicherheit benötigen.

Bild 10

Wer sind überhaupt die Angreifer? Wir haben zum einen den Besitzer des Autos: Er ist ein potenzieller Angreifer, weil er sich gerne beispielsweise um die teure Freischaltung drückt und entsprechende Leistungsmerkmale selber freischaltet. Der große Vorteil des Besitzers ist, dass er unlimitierten physikalischen Zugang zu seinem eigenen Gerät hat. Dann haben wir Mechaniker, Mitarbeiter von Firmen, die mehr Detailwissen über das System haben und über spezielle Geräte verfügen. Als dritte Gruppe haben wir Organisationen, z.B. Konkurrenz oder aber auch Behörden.

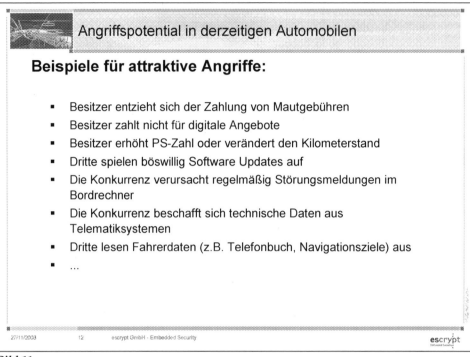

Angriffspotential in derzeitigen Automobilen

Beispiele für attraktive Angriffe:

- Besitzer entzieht sich der Zahlung von Mautgebühren
- Besitzer zahlt nicht für digitale Angebote
- Besitzer erhöht PS-Zahl oder verändert den Kilometerstand
- Dritte spielen böswillig Software Updates auf
- Die Konkurrenz verursacht regelmäßig Störungsmeldungen im Bordrechner
- Die Konkurrenz beschafft sich technische Daten aus Telematiksystemen
- Dritte lesen Fahrerdaten (z.B. Telefonbuch, Navigationsziele) aus
- ...

27/11/2003　12　escrypt GmbH - Embedded Security　　escrypt

Bild 11

Was sind die möglichen Angriffe? Ein Besitzer eines Fahrzeugs entzieht sich beispielsweise der Zahlung von Mautgebühren. Ein Besitzer zahlt nicht für digitale Angebote. Ein Besitzer erhöht PS-Zahl oder verändert den Kilometerstand. Provozieren von Fehlverhalten durch die Konkurrenz. Die Konkurrenz beschafft sich sensible Daten aus dem Fahrzeug.

D.h. es gibt viele Angriffsszenarien, vor denen man sich schützen kann oder teilweise auch schützen sollte.

Bild 12

Wie schützt man sich mit Hilfe der IT-Sicherheit? Es gibt entsprechende organisatorische Maßnahmen und entsprechende technische Maßnahmen. Die technische
Seite haben wir gerade schon besprochen. Wir müssen das System entsprechend
sicher designen bzw. die Sicherheit entsprechend noch hinein designen. Wir müssen die entsprechenden Funktionen der IT-Sicherheit implementieren. Dazu stehen
uns i.d.R. entsprechende Softwaretools oder Hardwaremaßnahmen zur Verfügung.
Was meistens viel wichtiger ist, ist die organisatorische Seite. Wir müssen dafür
sorgen, dass diese ganzen Maßnahmen von der Organisation her überhaupt abge-
deckt sind. Das wir, wenn wir mit geheimen Schlüsseln rechnen, diese eben auch
sicher in das Fahrzeug eingebracht werden. Wir brauchen ein sicheres Backend mit
entsprechenden Security-Policies und Rollen und natürlich auch angemessenen
Prozessen. Ferner muss man versuchen, eine kosteneffiziente Integration des Ganzen zu gewährleisten.

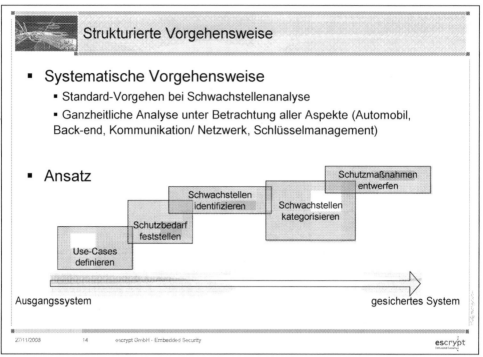

Bild 13

Systematische Vorgehensweise: Man macht im Prinzip eine ganzheitliche Analyse und schaut sich das gesamte System an, z.B. vom Backend bis hin zur Freischaltung im Fahrzeug. Man identifiziert die Anwendungsfälle und stellt den Schutzbedarf fest. Dann identifiziert man die entsprechenden Schwachstellen, kategorisiert diese und entwirft entsprechende Schutzmaßnahmen.

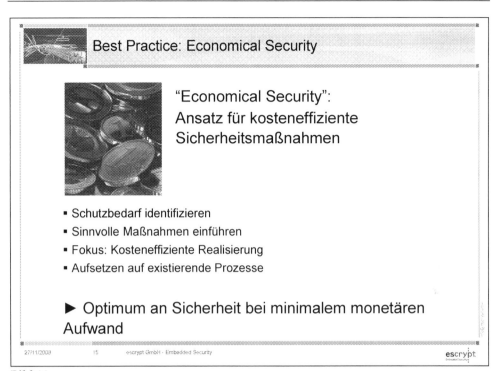

Best Practice: Economical Security

"Economical Security":
Ansatz für kosteneffiziente
Sicherheitsmaßnahmen

- Schutzbedarf identifizieren
- Sinnvolle Maßnahmen einführen
- Fokus: Kosteneffiziente Realisierung
- Aufsetzen auf existierende Prozesse

▶ Optimum an Sicherheit bei minimalem monetären
Aufwand

27/11/2003   15   escrypt GmbH · Embedded Security   escrypt

Bild 14

Den Schutz betreibt man eben bis zu dem Level, auf dem es sich auch wirklich lohnt. Best Practice ist daher das, was wir *Economical Security* nennen. In diesem Bereich ist es rentabel für den Kunden, IT-Sicherheit einzusetzen. Man erreicht dann ein Optimum an Sicherheit bei minimalem Aufwand. Allerdings ist die Optimierung nicht trivial, z.B. wenn das Schadensszenario sehr groß ist aber sehr unwahrscheinlich, wird es schwierig den monetären Aufwand für die IT-Sicherheit abzuschätzen.

Herausforderung der eingebetteten IT-Sicherheit

- **Moderne IT-Sicherheit bietet:**
  - Kommunikationssicherheit
  - Manipulationsschutz
  - Rechtemanagement, Freischaltung, uvm.

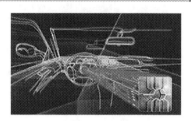

⇒ **basierend auf kryptographischen Algorithmen und Protokollen ...**

⇒ **Alle Sicherheitsprobleme können (theoretisch) gelöst werden**

27/11/2008   16   escrypt GmbH · Embedded Security   escrypt

Bild 15

Warum ist IT-Sicherheit im Automobil schwierig? Die moderne IT-Sicherheit bietet uns erst einmal alles, was wir benötigen. D.h., eigentlich können wir alle Probleme theoretisch lösen.

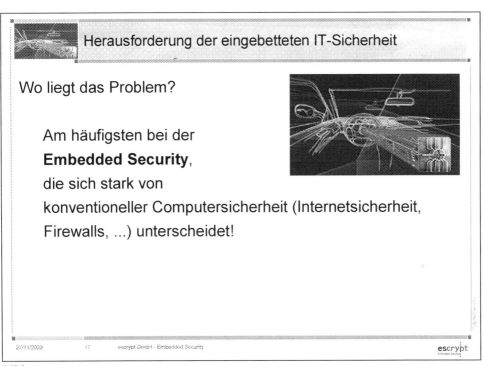

Herausforderung der eingebetteten IT-Sicherheit

Wo liegt das Problem?

Am häufigsten bei der
Embedded Security,
die sich stark von
konventioneller Computersicherheit (Internetsicherheit,
Firewalls, ...) unterscheidet!

27/11/2008   17   escrypt GmbH - Embedded Security   escrypt

Bild 16

Also wo ist das Problem? Die Herausforderung im Automobil liegt darin, dass wir hier nicht den normalen Desktop-Rechner haben, welcher viel Rechenleistung zur Verfügung stellt und ständig aktualisiert werden kann. Wir haben im Automobil Rechner, die eigentlich eine ganz andere Funktion haben und für eine Laufzeit von 20 Jahre ausgelegt sind. Sie werden es nicht schaffen, einen Automobilhersteller zu überreden, einen Extrarechner nur für die IT-Sicherheit zu verbauen. Die IT-Sicherheit muss daher auf bestehenden Systemen laufen und darf nicht zu viel Rechenzeit, zu viel Speicher und auch nicht zuviel Energie verbrauchen. Und das ist letztlich genau das, was die Automotive-Security von der konventionellen IT-Sicherheit unterscheidet.

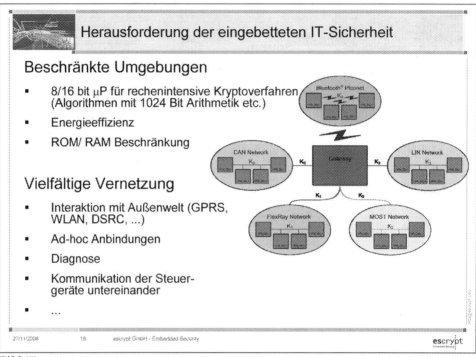

Bild 17

Im Automobil haben wir 32-Bit-Mikroprozessoren, aber auch 8- und 16-Bit-Mikroprozessoren. Und wenn Sie in die Kryptographie gehen, da haben Sie teilweise Algorithmen, die sehr aufwendig sind und sehr viel Zeit und Rechenleistung benötigen. Die Ausführung sollte möglichst energieeffizient sein und darf nicht zeitkritisch sein. Ferner haben Sie Beschränkungen, was die Speichergröße angeht. Ein weiteres Problem ist die vielfältige Vernetzung dieser Systeme. Diese Systeme hängen über mehrere Netzwerke im Fahrzeug zusammen – wir haben gerade das Bild einer S-Klasse gesehen.

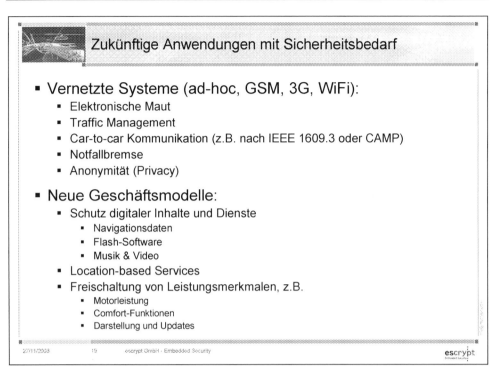

Bild 18

Zukünftige Anwendungen mit Sicherheitsbedarf sind Anwendungen wie Car-to-Car-Kommunikation. Wichtig dabei ist, dass die Authentizität von Nachrichten gewährleistet wird. Ein weiteres Thema hierbei ist die Anonymität von Fahrzeugen in solchen Fahrzeugnetzen.

Freischaltung von Leistungsmerkmalen ist ein Thema mit großer Relevanz. Zurzeit bezieht sich die Freischaltung noch auf die Komfort-Funktion im Fahrzeug. Aber Freischaltung von Motorleistungen ist angedacht.

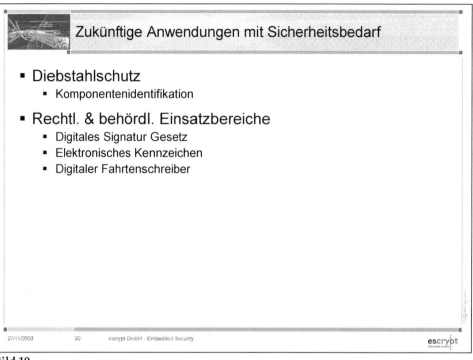

Zukünftige Anwendungen mit Sicherheitsbedarf

- Diebstahlschutz
  - Komponentenidentifikation

- Rechtl. & behördl. Einsatzbereiche
  - Digitales Signatur Gesetz
  - Elektronisches Kennzeichen
  - Digitaler Fahrtenschreiber

27/11/2003   20   escrypt GmbH - Embedded Security

escrypt

Bild 19

Weitere Anwendungen sind Diebstahlschutz und Komponentenidentifikation. Weiterhin gibt es auch Gebiete, in denen der Einsatz von IT-Sicherheit in Zukunft rechtlich bindend wird.

Dies ist das Ende meines Vortrags. Ich bedanke mich.

12 Podiumsdiskussion

Innovationsmotor Sicherheit – Sicherheit für Innovationen

Teilnehmer

Prof. Dr. Sahin Albayrak, Technische Universität Berlin / DAI-Labor

Dr. Udo Bub, EICT GmbH

Dr. Alexander Dix, Berliner Beauftragter für Datenschutz und Informationsfreiheit

Prof. Dr. Claudia Eckert, Fraunhofer-Institut für Sichere Informationstechnologie SIT

Bernd Kowalski, Bundesamt für Sicherheit in der Informationstechnik

Thomas Löer, Bundesdruckerei GmbH

Prof. Dr. Radu Popescu-Zeletin, Fraunhofer-Institut für Offene Kommunikationssysteme FOKUS

Prof. Dr. Joachim Posegga, Universität Passau

Udo Bub

Wir kommen jetzt zur Podiumsdiskussion. Nach den hochaktuellen Fachvorträgen wurde bereits engagiert diskutiert. Jetzt haben wir die Möglichkeit, einige Themen weiter zu vertiefen. Dazu möchte ich nochmals die Ergebnisse unserer Expertenbefragung nutzen.

Einige Aussagen der 538 befragten Experten bezogen sich auf den Schutz personenbezogener Daten (siehe Bild 2, Kapitel 1). Primär erklären die meisten Spezialisten jeden Einzelnen als verantwortlich für den Datenschutz, als nächste wichtige Instanz wird der Staat, an dritter Stelle die Wirtschaftsunternehmen genannt. Konkret sagten 86 Prozent der Experten, dass jeder Einzelne selbst für den Schutz der personenbezogenen Daten zuständig sei. Der Staat wurde von 81 Prozent der Befragten genannt, Wirtschaftsunternehmen von 66 Prozent der Fachleute. Zunächst möchte ich je einen Vertreter des öffentlichen Bereichs, der Wirtschaft und der Wissenschaft fragen wie sie diese Aussagen bewerten. Herr Kowalski, wie sehen Sie das als Vertreter des Staates?

Bernd Kowalski

Ja. Natürlich ist jeder, der im Internet handelt, zunächst einmal selbst verantwortlich für das, was er da tut und sollte das immer berücksichtigen. Ähnlich ist das ja im Straßenverkehr. Ob und unter welchen Umständen der Staat eingreifen muss, das ist die Frage. Ich denke, der Staat sollte Rahmenregelungen schaffen, weil Sicherheit zunächst einmal Geld kostet. Die Sicherheitsfunktionen sind nicht unbedingt als Mehrwert einer Wertschöpfung für Wirtschaftsunternehmen sichtbar. Sicherheit ist manchmal sogar bedienungsunfreundlich und hemmend. Es gibt sicherlich einige Sicherheitskomponenten, die den Komfort steigern, aber das ist eher der Ausnahmefall. Sicherheit kostet Geld und deshalb wird oft der Aufwand zunächst gescheut. Da ist es gut, wenn der Staat Vorgaben macht, wie zum Beispiel beim Personalausweisgesetz. Dort ist vorgeschrieben, dass nicht jeder X-Beliebige ein Berechtigungszertifikat bekommen kann. So ist es auch beim digitalen Tachograph, wie wir im Vortrag von Dr. Pelzl gehört haben. Da gibt es genaue Vorgaben, wie die Sicherheit dieser Tachographen zu gestalten ist. Mit Fahrtaufnehmer, mit Wege-Unit und mit Chipkarten für die Werkstatt und dem Fahrer, damit der Missbrauch, den man bekämpfen will, nicht möglich ist. Ich denke, dass der Staat mit solchen Rahmenregelungen positiv Einfluss nehmen kann. Aber die Innovation, die Fortentwicklung der Technik und die genaue technische Gestaltung sollten sich im freien Markt entscheiden, um die beste Lösung zu erreichen.

Udo Bub

Vielen Dank. Herr Löer, die Bundesdruckerei befindet sich noch in privaten Händen, daher spreche Sie als Vertreter der Wirtschaft an. Teilen Sie die Einschätzung der Experten? Soll der Schutz personenbezogener Daten zunächst vor allem bei den Anwendern liegen und dann erst beim Staat und der Wirtschaft?

Thomas Löer

Ich habe in meinem Vortag von einem systemischen Ansatz gesprochen, das heißt, ich sehe hier eine Vielzahl von Beteiligten in der Verantwortung. Die Forschung, die Politik, die Wirtschaft, den Datenschutz und natürlich auch den Bürger selbst. Ohne ein Zusammenspiel der Beteiligten und einen umsichtigen Umgang mit neuen Technologien und den eigenen Daten wird für Missbrauch Tür und Tor geöffnet.

Udo Bub

Vielen Dank. Herr Prof. Popescu-Zeletin, wie beurteilen Sie als Vertreter der Wissenschaft die Prognosen? Liegt die Verantwortung für den Schutz personenbezogener Daten vorrangig bei jedem Einzelnen und erst in zweiter und dritter Linie beim Staat und den Wirtschaftsunternehmen?

Radu Popescu-Zeletin

Im Fraunhofer-Institut für Offene Kommunikationssysteme konzentrieren wir uns auf einen Teil der Sicherheitsproblematik, in dem wir fragen: Was fehlt in der Kommunikation, um Sicherheit zu gewährleisten? Nach vielen Jahren der Arbeit auf diesem Gebiet – auf Netzebene, der Anwendungsebene und der e-Government-Lösungen – kommen wir zu dem Schluss, dass Kommunikation ohne sichere Identity de facto nicht möglich ist. Identity erscheint im Grunde genommen als Teil der Kommunikation und wir versuchen, die Problematik des Identity Management oder der Identifikationsprozesse zu lösen. Das bedeutet, dass wir unser Augenmerk auf einen wesentlichen Baustein der Problematik legen. Man braucht gewissermaßen ein Gerüst. Ich glaube auch, dass der ePA ein wichtiger Teil dieses Gerüstes ist, um Vertrauen und Sicherheit aufzubauen.

Udo Bub

Noch eine weitere Wortmeldung aus der Wissenschaft, Herr Prof. Posegga bitte.

Joachim Posegga

Diese Frage ist komplett absurd. Wenn Sie sagen, der Staat muss sich darum kümmern, frage ich: welcher Staat? Ich sitze in meinem Büro in Passau, mein Handy bucht sich in Österreich ein, meine E-Mails liegen bei Google in Kalifornien und jetzt könnte man das weiter führen. Welcher Staat?

Udo Bub

Dann doch vor allem jeder Einzelne?

Joachim Posegga

Wäre ein schöner Traum, aber diese Chance haben die Endnutzer ja gar nicht. Versuchen Sie mal zu verstehen, wie und was Ihr Google-Handy im österreichischen Mobilfunknetz verschickt. Keine Chance! Wenn ich mir eine Woche Zeit nehme, verstehe ich das vielleicht, aber der „normale Kunde" hat keine Chance; der kann es also auch nicht sein!

Udo Bub

Und Wirtschaftsunternehmen sind in dieser Frage zu sehr fragmentiert?

Joachim Posegga

Wo ist das Interesse von Google den Datenschutz voranzutreiben? Diese Firma hat die Aufgabe, Geld zu verdienen und den Gewinn zu maximieren. Das war jetzt nicht sehr hilfreich, aber ich denke, das müssen wir so im Raum stehen lassen.

Udo Bub

Das sehe ich anders. Wir führen ja hier eine Diskussion, um das zu ändern und nutzen dazu diese Expertenbefragung. Die Anwender wurden allerdings noch nicht befragt.

Herr Dr. Dix, eigentlich widerspricht die Aussage, dass jeder Einzelne primär für den Schutz seiner personenbezogenen Daten zuständig sein soll, vielen Aussagen, die Sie gemacht haben. Können Sie dazu nochmal Stellung nehmen und die Beiträge Ihrer Vorredner aufgreifen?

Alexander Dix

Ich weiß nicht, welche Experten in der Befragung, die Sie zitiert haben, befragt wurden, aber ich würde die Rangfolge, die Sie aufgestellt haben, in Frage stellen. Ich finde es falsch, primär den Nutzerinnen und Nutzern die Verantwortung für ihre eigenen Daten zu übertragen, nach dem Motto „Ihr seid selber Schuld, wenn Google neun Monate oder länger Eure Nutzerdaten über die Suchanfrage speichert". Da muss Druck auf Google ausgeübt werden. Und zu der Frage, die gerade aufgeworfen wurde: Wieso soll Google sich für den europäischen Datenschutz interessieren? Erstaunlicherweise entwickeln sie dieses Interesse langsam. Sie standen auf dem Standpunkt, Europa interessiert uns nicht. Wir sind in Mountain View und verdienen viel Geld. Und im Übrigen aber, und da fängt es an sie zu zwacken, wir sind „die Guten". Wenn die Europäer aber einen anderen Eindruck bekommen, haben sie ein Problem. Denn sie wollen auch in Europa Geld verdienen. Deshalb fangen sie an, mit europäischen Datenschutzbeauftragten zu sprechen und zu erkennen, dass sie ihre Geschäftsmodelle ändern müssen. Sie haben die Nutzerdaten zuerst ohne Begrenzung gespeichert, dann achtzehn Monate lang und sind jetzt bei neun Monaten. Das ist nach deutschem Recht noch immer erheblich zu lang. Die europäischen Datenschutzbeauftragten verlangen sechs Monate. In Deutschland wird sogar eine noch geringere Speicherdauer gefordert. Auch die Diskussion um Google Analytics oder Google Streetview zeigt, dass Google die europäischen Argumente aufgreift. Das ist ein mühsamer und langwieriger Prozess. Das weiß ich aus eigener Erfahrung. Ich habe selber mit Google-Vertretern gesprochen. Google zieht sein Geschäftsmodell nicht länger unbeeindruckt von jeglicher Kritik durch.

Udo Bub

Und Ihr Fazit? Wer ist für den Schutz personenbezogener Daten primär zuständig?

Alexander Dix

Das hängt sehr davon ab, worüber wir sprechen. Über welche Form der Datenverarbeitung wir reden. Es gibt den öffentlichen Bereich, in welchem die Polizei und der Verfassungsschutz bestimmte Daten sammeln können. Welche Daten das sind, muss der demokratisch gewählte Gesetzgeber festlegen. Das sind wir alle und die Politiker, die wir wählen.

Im Bereich des Web 2.0 tragen die einzelnen Nutzer einen wesentlichen Teil der Verantwortung. Allerdings muss ihnen das Bewusstsein darüber vermittelt werden. Da sind wiederum der Staat oder die Schule und der Kindergarten gefordert, um das entsprechende Bewusstsein zu wecken. Ich bin nicht der Meinung, dass Datenschutz etwas ist, was Jugendliche generell uncool finden. Ich kenne viele andere Beispiele. Aber dafür müssen Lehrer sensibilisiert und die Lehrerqualifikation vorangetrieben werden. Der Datenschutz muss in die Lehrpläne Eingang finden. Also, ich würde sehr differenziert unterscheiden, um welches Szenario es sich handelt und über welche Zusammenhänge wir sprechen. Man kann nicht sagen, in erster Linie sind die Nutzer verantwortlich und dann erst kommen der Staat und die Wirtschaft. Es kann sein, dass diese Reihenfolge unterschiedlich sein muss. Je nachdem, über welche konkrete Anwendung wir sprechen.

Udo Bub

Also, der Datenschutz betrifft jeden, die Gewichtung hängt jedoch vom Kontext ab. Vielen Dank für Ihre Einschätzung.

In der zweiten Folie (siehe Bild 3, Kapitel 1) wurde die Frage gestellt: „Was wird sich verändern?" Die Experten sagen, es wird keinen besseren Schutz der Privatsphäre im Internet geben. Nun die Frage an die Wissenschaft: Frau Prof. Eckert, stimmt das? Sehen Sie das auch so? Wird ein besserer Schutz im Netz zukünftig nicht möglich sein, obwohl uns heute doch sehr viele Lösungen präsentiert wurden?

Claudia Eckert

Auch da würde ich sagen: it depends. Ich frage mich eher, welche Experten befragt wurden.

Aber zurück zu Ihrer Frage. Schutz der Privatsphäre im Netz, kann man den verbessern? Ja, und zwar dort, wo ein Interesse der Beteiligten besteht, diesen Schutz zu erhöhen. Es gibt ja große Bereiche, wo Menschen sehr freizügig ihre privaten Daten übermitteln. Ich nenne nur die sozialen Netzwerke, Facebooks und

Co., wo man sich quasi „freiblättert", alles reinstellt, seine persönlichen Prioritäten, Präferenzen und weiteres. Wenn so etwas anschließend im Netz kursiert, braucht man sich nicht zu wundern. Prinzipiell ist der Benutzer selbst dafür verantwortlich, zu hinterfragen, was er da macht. Technische Lösungen gibt es ja: Pseudonyme, Anonymisierung, um das Tracen und Tracken zu verhindern. Diese Techniken kann man einsetzen. Dadurch, dass Reglements gesetzt werden, dass Policies aufgestellt werden, kann man den Schutz natürlich auch verbessern. Aber ich möchte zur ersten Frage noch etwas sagen: der Nutzer kann sich nicht gegen alles schützen und darüber selbst entscheiden. Es werden ja nicht nur personenbezogene Daten übers Web verbreitet. Wo wir gehen und stehen, gibt es womöglich Kameras, mit denen personenbezogene Daten aufgezeichnet werden. Das können wir als Benutzer nicht kontrollieren. Wir wissen zum Teil gar nicht, dass diese Dinge passieren. Und da gebe ich meinen Vorrednern Recht, da sind die Verantwortlichkeiten wieder umzudrehen. Es gibt für Unternehmen Regelwerke, an die sie sich halten müssen, die einzuhalten sind. Natürlich gibt es dabei unterschiedliche Sicherheitsbedürfnisse und Sicherheitsanforderungen, aber auch Technologien, die dies umsetzen. Man kann den Schutz erhöhen, wenn man es will.

Udo Bub

Herr Posegga, ich habe Ihren Vortrag so verstanden, dass die Sicherheitslücken so groß sind, dass kaum Verbesserungen zu erwarten sind und die Security den neuen Anwendungs- und Technologietrends hinterher läuft. Kann es in Zukunft trotzdem besser werden?

Joachim Posegga

Ich habe in den letzten Jahren eigentlich nicht die Erfahrung gemacht, dass etwas signifikant besser geworden wäre. Aber ich würde die Frage anders stellen: Was heißt das denn, es wird besser werden?

Zum Beispiel, dass weniger Daten gespeichert werden oder man ermöglicht den Nutzern, die Dateninformation und ihre Speicherung zu steuern, also wie und wie lange etwas gespeichert wird. „User Empowerment" hat Microsoft dieses Prinzip vor ein paar Jahren einmal genannt. Letzteres wäre für mich ein klares „Besser". Haben wir heute Möglichkeiten als Generator von Daten die Datenspuren zu beeinflussen? Die Antwort ist ganz klar: Weniger denn je. Das wäre aber wünschenswert.

Wie könnte das technisch aussehen? Das ist, in gewissem Sinne, Digital Right Management. Ich will Daten erzeugen und ich will bestimmen, was mit ihnen passiert, wo immer sie sind. Doch daran ist die Musikindustrie bereits gescheitert, es war technisch nicht zu machen.

Wenn nun mit „besser" gemeint ist, es werden weniger Daten gesammelt, habe ich ehrlich gesagt auch wenig Hoffnung. Ich denke, dass das Gegenteil passieren wird. Daten werden an immer mehr Stellen gespeichert und verarbeitet, auch international. Also gibt es immer weniger Möglichkeiten zu erfahren, was wo mit den Daten passiert.

Summa summarum habe ich den Eindruck, das nichts besser geworden ist und ich sehe auch keine Indizien dafür, dass es besser wird.

Udo Bub

Vielen Dank. Nun eine Frage an Prof. Albayrak. Ist Technik der primäre Schlüssel zu mehr Sicherheit oder schaffen wir das eher in anderen Bereichen wie Bildung oder durch soziologische Phänomene?

Sahin Albayrak

Ich möchte, wie mein Kollege Prof. Popescu-Zeletin, unterstreichen, dass ich kein Vollblut-Security-Experte bin. Ich bin in diese Domain reingerutscht, weil wir uns mit IT-Security ursprünglich einmal befasst haben. Wir haben ein Framework entwickelt, mit dessen Hilfe wir autonome Systeme entwickeln konnten. Wir wollten dieses System beim Bundesministerium für Finanzen einsetzen. Damals wurde uns aber gesagt, das Bundesministerium für Finanzen kann das System erst akzeptieren, wenn es sicherheitszertifiziert ist. Daraufhin haben wir das System zertifizieren lassen. Anschließend haben wir uns mit der Frage auseinander gesetzt: Wie müssen überhaupt die zukünftigen Architekturen für Sicherheitsanwendungen aussehen? Gelingt es überhaupt mit einem einzigen Ansatz, mit einer einzigen Technologie, Sicherheitsprobleme zu lösen oder zu beheben? Oder muss ich verschiedene Ansätze kombinieren und in eine Hülle packen beziehungsweise auf eine Metaebene heben? Der Film zeigte vorhin, dass es Pakete gibt und dass diese Pakete gescannt und anschließend signiert werden können. Die Pakete sind damit quasi klassifizierbar.

Udo Bub

Bringen uns nun die Klassifikatoren und die Technik weiter oder noch etwas anderes?

Sahin Albayrak

Nicht nur die Technik. Auch die Bildung ist unheimlich wichtig. Bildung und Sicherheitsbewusstsein sind aus meiner Sicht wichtige Voraussetzungen, um sich mit der Problematik seriös auseinandersetzen zu können. Ich muss es schaffen, Umgebungen zu kreieren, die mich in die Lage versetzen, mit verschiedenen Sicherheitsszenarien zu experimentieren, dadurch zu lernen und Lösungen zu finden. Insofern glaube ich, dass beide Hand in Hand gehen müssen. Mein Vorredner hat den Aspekt der Privatsphäre angesprochen. Wer die Entwicklung der Technologie verfolgt und sieht, welche Komplexität sie bekommt, wird meine Einschätzung teilen, dass es schwierig wird, die Privatsphäre zu bewahren.

Udo Bub

Vielen Dank. Nun öffne ich die Diskussion für Beiträge aus dem Auditorium. Gibt es weitere Anmerkungen oder Fragen?

Teilnehmer A

Eine Frage an Frau Eckert. Sie haben das Thema Tracking angesprochen und damit die subversive Technik, auf die Sie keinen Einfluss haben. Sie sind durch die Tür gekommen, die Kameras sind auf Sie gerichtet und Sie wissen das nicht. Sie können auch wenig dagegen unternehmen. Auffällig in dieser Diskussion ist, dass man bestimmte Dinge zwar kritisieren, aber nicht ändern kann. Wir können gesamtgesellschaftlich versuchen das zu ändern, aber wir werden nicht einen Schalter umlegen können und Security so „verindividualisieren", dass jeder sagen kann, ich habe mein eigenes Sicherheitslevel. Denn man ist ja schließlich nicht allein auf der Welt. Deswegen die Frage an Sie: Können Sie sich vorstellen, dass dieser Fakt uns noch in den nächsten fünfhundert Jahren begleiten wird?

Claudia Eckert

Ja, ganz klar wird es uns begleiten. Es wird eine Aufgabe sein, dafür zu sorgen, dass mit den Daten, die hier flächendeckend aufgenommen werden, gemäß der datenschutzrechtlichen Vorgaben umgegangen wird. Das heißt, ich merke es vielleicht nicht, wo ich überall aufgenommen werde, vielleicht will ich es auch gar nicht. Vielleicht dient es meinem zusätzlichen Sicherheitsbedürfnis, dass irgendein „Big Brother" über mich wacht. Ich möchte aber sicher sein, dass diese Daten tatsächlich nur ganz gezielt für den Zweck meines erhöhten Sicherheitslevels erhoben werden. Ich möchte sicher sein, dass diese Daten nicht rausgehen und irgendjemand anderem gemeldet werden. Und hier gibt es dann wieder Techniken, die dieses Ziel durchsetzen. Ich möchte sicher sein, dass die IT-Betreiber, die datenschutzrechtlichen Regeln einhalten und sich compliant verhalten. Natürlich müssen wir auch mit der Technik weiterkommen. Wir müssen zum Beispiel Techniken entwickeln, die in riesigen Datenbeständen verschlüsselte Daten gezielt finden, ohne dass Klartext vorliegt. Wir müssen technische Maßnahmen entwickeln, die „privacy enhanced" Daten verarbeiten. Das sind Entwicklungen, die weiter durchdacht werden sollten.

Teilnehmer A

Sie akzeptieren also den Status mit den entsprechenden Rahmenbedingungen, die gerade genannt wurden?

Claudia Eckert

Ja.

Udo Bub

Klare Antwort. Weitere Fragen aus dem Auditorium?

Teilnehmer B

Google, Yahoo, Microsoft, alle genannten Unternehmen speichern Daten. Aber es gibt Veränderungen. Vor einigen Wochen teilte mir einer unserer Enterprise Hard Drive-Leute mit, dass sie jetzt ein Enterprise Hard Disk Drive bauen wollen mit einer Smart Card, die später zerstört werden kann. Google und die anderen werden über Sarbanes-Oxley gezwungen, ein Hard Drive einzubauen, dass physikalisch zerstört wird und so der Schlüssel weg ist. Es wird von oben Druck ausgeübt, damit die Daten weg sind. Ich bin eher der Meinung, man sollte die Hard Disk einfach zerstören. Negativ finde ich den Remind Firewall. Wir können Pakete anschauen solange wir wollen, aber irgendwann erreichen wir unentscheidbare Probleme. Diese Entwicklungen werden rein heuristische Methoden bleiben und nicht funktionieren. Alle Methoden, die auf Maschinellem Lernen basieren, sind nicht hundertprozentig sicher. Es gibt ein schönes Forschungsgebiet, Cryptovirology, um die Datenpakete effektiv gegen Inspektionen zu verschlüsseln, so dass es noch schwieriger wird, Entscheidungen zu treffen. Das zeigt, dass alles immer von zwei Seiten betrachtet werden sollte. Krypto kann auch gegen Security eingesetzt werden und Ansätze des Maschinellen Lernens sind im Bereich der Security „beweisbar unsicher".

Udo Bub

Vielen Dank für diesen Beitrag. Weitere Fragen?

Teilnehmer C

Mich hat der Vortrag über den elektronischen Personalausweis überzeugt. Was mir sehr gut gefällt, ist die Möglichkeit, mit einem einzigen Passwort auszukommen. Ich muss mir nicht unzählige Passwörter merken, die ich nirgends notieren darf. Das bedeutet allerdings, dass dieser Personalausweis wertvoller ist und sein Verlust entsprechend schmerzlicher. Wie schnell kann man einen solchen Personalausweis ersetzen? Und wenn ich den Verlust melde, wird er ja sehr schnell gesperrt. Wie kann ich sicher sein, dass nicht jemand anderes meinen Personalausweis sperren lässt?

Udo Bub

Herr Löer, haben Sie eine passende Antwort?

Thomas Löer

Zur Lieferzeit von Personaldokumenten kann ich natürlich etwas sagen. Angestrebt sind bei unseren Planungen derzeit 48 Stunden für den neuen Personalausweis. Genaueres kenne ich auch nicht, da die Spezifikationen für den neuen Personalausweis noch nicht veröffentlicht wurden. Aber das neue Dokument soll dann schneller lieferbar sein als das bisherige Dokument.

In Bezug auf das Handling von Sperrlisten für den Personalausweis kann ich derzeit nichts sagen. Für herkömmliche Dokumente gibt es diese natürlich auch, aber hier geht es nur darum festzuhalten, ob sie gestohlen wurden. Bei einer missbräuchlichen Nutzung, zum Beispiel bei einem versuchten Grenzübergang, werden gemeldete Dokumente bei der Kontrolle auffällig. Derzeit ist für den Personalausweis kein Card Application Management-System in Planung, welches Ihnen den bis zum Verlust oder zur Sperrung durchlaufenen Life-Cycle wieder herstellt. Bei Verlust bekommen sie auf eigene Kosten ein neues Dokument. Ein Card Application Management-System ist nicht geplant. Jedenfalls kenne ich eine solche Planung nicht. Aber da müsste Herr Kowalski etwas zu sagen können.

Bernd Kowalski

Das stimmt. Ein solches System ist nicht geplant.

Teinhmer C

Die andere Frage: Was schützt mich davor, dass jemand anderes meinen Personalausweis sperrt?

Bernd Kowalski

Der gleiche Schutz, den Sie von anderen Kartensystemen kennen.

Teilnehmer A

Es gibt einen Sperrbrief, der ausgeteilt wird. Sie erhalten nicht nur eine PIN, sondern Sie erhalten ein Sperrkennwort, das Sie legitimiert, zu sperren.

Teilnehmer D

Und wann wird der Sperrbrief ausgeteilt?

Teilnehmer A

Mit dem Ausweis erhalten Sie eine Anzahl an Informationen, dazu zählt dieser Sperrbrief.

Teilnehmer D

Und den lege ich dann 10 Jahre gut weg?

Teilnehmer A

Genau das.

Teilnehmer D

Wenn ich diesen Personalausweis nutze, um etwas frei zu schalten, muss ich mich mit Passwörtern registrieren. Wie sehen diese PINs, PUKs oder PUFs aus?

Udo Bub

Herr Kowalski?

Bernd Kowalski

Natürlich ist eine solche PUK vorgesehen. Die wird dem Betreffenden ausgehändigt.

Teilnehmer D

Ich muss mir also nur eine Nummer merken?

Teilnehmer A

Ja, aber am besten nicht das Geburtsdatum.

Bernd Kowalski

Aber solche Trivialpasswörter werden auch vom ePA verhindert.

Teilnehmer D

Sie planen auch ein Call Center und eine Hotline. Wer soll das machen? Vater Staat?

Bernd Kowalski

Der Vater Staat sorgt zunächst einmal dafür, dass die Anforderungen an eine Hotline definiert werden, die sich an die Benchmarks hält. Ohne einen solchen Service wird kein Anbieter die ePAs unterstützen.

Thomas Löer

Callcenter-Funktionalitäten bietet die Bundesdruckerei bisher im Kontext elektronischer Reisepässe. Uns ist klar, dass zukünftig Fragen rund um den ePA auf uns als potenziellen Hersteller zukommen. Wir brauchen verständliche Antworten für die betroffenen Bürger. Sie brauchen auch die entsprechende Software auf einem PC und ein entsprechendes Lesegerät. Auch das muss in den Markt kommen. Ansonsten können Sie das Dokument gar nicht nutzen. Und es wird darüber nachgedacht, inwieweit neue IT, wie Laptops oder andere Rechner, bereits ab Werk entsprechend ausgestattet werden können, um quasi mittels „Plug & Play" mit dem Personalausweis Kontakt aufnehmen zu können. Bei uns steht nicht nur der elektronische Personalausweis im Focus, sondern die ganze Kette.

Teilnehmer E

Sie haben die Einführung der eID mit dem Identitätsdiebstahl erklärt und welchen hohen Schaden ein solcher Diebstahl verursachen kann, ebenso zu welchen Strafen es führen kann, wenn eine kriminelle Handlung im Namen des Opfers durchgeführt wird. Nun ist aber die Rechtssprechung in Deutschland zurzeit sehr verbraucherfreundlich. Es gibt entsprechende Präzedenzfälle, zum Beispiel Autos, die über Online-Handelsplattformen verkauft wurden. Der Verkäufer wollte den Käufer auf Zahlung des Kaufpreises verklagen und hat verloren, da der Käufer behauptete, dass sein Sohn das Passwort benutzt habe. Auch das Gericht erkannte, dass der Benutzername, das Passwort unsicher ist. Warum soll bei dieser Rechtssprechung ein Nutzer die eID-Funktion verwenden?

Thomas Löer

Eine schwierige Frage. Aber es geht darum, dass das Thema „Sicherheit" etwas mehr trägt. Und das, was uns bisher fehlt, ist ein entsprechender Token. Dazu kann der elektronische Personalausweis dienen. Die Rechtssprechung – das hatte ich in meinem Vortrag mit ausgeführt – muss sicherlich entsprechend ausgestaltet werden. Neben der Technik muss eine gesellschaftliche Diskussion über so ein

Thema geführt werden und der Bürger entsprechend mitgenommen und eingebunden werden. Man muss diesen Themenkomplex ganzheitlich angehen. Dazu
hat die Bundesdruckerei an der Freien Universität Berlin einen entsprechenden
Stiftungslehrstuhl eingerichtet.

Udo Bub

Herr Dix, können Sie das aus der Datenschutzperspektive kommentieren?

Alexander Dix

Es stimmt, dass die Rechtsprechung im Moment in diese Richtung geht. Aber ich
könnte mir vorstellen, dass sich da etwas ändert. Wenn der elektronische Personalausweis ein erhöhtes Maß an Identifikationssicherheit bringt, dann können die
Richter andere Maßstäbe anwenden. Aber das sind bisher nur Ankündigungen. Es
wäre wünschenswert, weil aus Verbrauchersicht die Attraktivität des ePA erhöht
würde.

Radu Popescu-Zeletin

Ich finde, dass die Diskussion über den Fingerabdruck auf dem ePA einen technisch sinnvollen Weg verhindert hat, die Möglichkeit zu identifizieren, dass der,
der die Karte besitzt, auch der berechtigte Nutzer ist. Ich finde es bedauerlich, dass
dieser vielversprechende Weg versperrt wurde.

Thomas Löer

Sie meinen das Thema match-on-card oder match-on-system.

Radu Popescu-Zeletin

Das wäre auch für Zahlungssysteme und eine Reihe weiterer Anwendungen sinnvoll gewesen.

Claudia Eckert

Ich möchte die vorhergehende Diskussion ergänzen. Warum verhindert der Personalausweis den Diebstahl digitaler Identitäten? Das ist eine zweiseitige Geschichte.
Hier wird ja nicht nur der Besitzer des Personalausweises gegenüber einem
Diensteanbieter identifiziert, indem er die Kenntnis seiner PIN nachweisen muss,
sondern auch der Dienstanbieter identifiziert sich über die entsprechenden Protokolle gegenüber dem Personalausweisbesitzer. Diese Zweiseitigkeit, die wir hier
drin haben, ist eben auch ein Schutz gegen Identitätsdiebstahl. Dass wir hier nicht

mit gespooften Servern interagieren, ist ein wichtiger Fortschritt. Wir lösen damit ein allgegenwärtiges Problem. Das dürfen wir in dieser Diskussion nicht verkennen.

Teilnehmer E

Mit SSL sollte dieses Problem auch gelöst sein.

Claudia Eckert

Mit SSL und tausend Zertifikaten. Wissen Sie, wie vielen Hunderten von Zertifikaten Sie in Ihren Browsereinstellungen vertrauen? No Way!

Alexander Dix

Ich finde es richtig, dass nicht alle Bundesbürger gezwungen werden, ihren Fingerabdruck zu Identifikationszwecken auf dem Ausweis zu hinterlassen. Finnland und andere skandinavische Länder verfolgen eine andere Philosophie, aber ich möchte die Wahlfreiheit in Anspruch nehmen können, zum Beispiel meine elektronische Signatur nicht über den Personalausweis zu realisieren, sondern von einem Trust-Center oder Zertifikateanbieter meiner Wahl. Ich finde die Entscheidung richtig.

Udo Bub

Vielen Dank. Eine weitere Frage bitte.

Teilnehmer F

Wir haben durch die Vorträge verschiedene kommerzielle Aspekte des elektronischen Personalausweises kennengelernt und erfahren, dass seine Einführung in erster Linie politisch motiviert ist. Welchen volkswirtschaftlichen Nutzen hat er? Eine Hotline ist teuer, wie steht das im Verhältnis zu Einsparungen oder Nutzen, die der Bürger bei der elektronischen Abwicklung von Prozessen hat? Oder beim elektronischen Bezahlen? Gibt es da irgendwelche Abschätzungen über einen kommerziellen Vorteil?

Bernd Kowalski

Zunächst einmal ist Sicherheit immer mit Mehraufwand verbunden. Kosteneinsparungen haben hier sicher nicht im Vordergrund gestanden. Aber es geht im Internet darum – und wir kennen alle die Sicherheitsprobleme – in der Fläche mehr Sicherheit zu schaffen. Seitens der Bürger, aber auch seitens der Anbieter. Ich denke, hier hat der Staat mit dem Personalausweisgesetz ein Rahmenwerk geschaffen, welches diese Möglichkeit schafft. Aber Investitionen werden auch auf Seiten der Wirtschaft getätigt. Was die Anbieter zum Beispiel an Aufwand treiben, wird von den Anbietern bezahlt und muss natürlich durch entsprechende Geschäftsmodelle hinterlegt werden. Wir erhoffen uns davon natürlich schon, dass bestimmte Kriminalitätsakte bekämpft werden und damit verbundene wirtschaftliche Verluste auf Seiten der Anbieter vermieden werden. Sie können sich mehr darauf verlassen, dass zum Beispiel hochwertige Güter auch bezahlt werden. Sie schafft letztlich bei den Bürgern mehr Vertrauen in das Internet. Das führt auch dazu, dass die e-Government-Dienstleistungen, also elektronische Verwaltungsleistungen, wieder stärker genutzt werden, da das Vertrauen bei den Bürgern wieder hergestellt wird. Ich denke, insgesamt bringt das auch sicher einen gesellschaftlichen, volkswirtschaftlichen Nutzen, der aber heute noch nicht zu beziffern ist.

Udo Bub

Vielen Dank. Eine weitere Frage?

Teilnehmer G

Wenn wir die allgemeine Sicherheitsproblematik betrachten – nicht nur die der IT-Sicherheit – dann gilt: Erwarte das Unerwartete. Die schlimmsten und meist tragischsten Sicherheitsvorfälle in der jüngsten Geschichte fanden statt, weil bestimmte Möglichkeiten nicht vorgesehen wurden, zum Beispiel die Art und Weise der Angriffe am 11. September. Wenn man diese Logik auf die Problematik der IT-Sicherheit projiziert, stellt sich die Frage, ob die existierenden Sicherheitstechnologien katastrophale Sicherheitsvorfälle verhindern können. Und auch, ob solche Vorkehrungen wirklich sinnvoll sind: wissenschaftlich, gesellschaftlich, technisch, finanziell. Ist es technisch möglich? Und wer soll dafür zuständig sein?

Claudia Eckert

Wir können uns nicht auf das Unbekannte vorbereiten, da wir es nicht kennen. In der IT-Sicherheit treffen wir aber Risikoabwägungen. Wir versuchen, die Werte einzuschätzen. Was wäre, wenn? Welcher Schaden könnte entstehen? Dann versuchen wir einen gezielten Angriff zu erschweren. Wenn Sie Sicherheitsvorfälle zum Beispiel bei der Stromversorgung ansehen, wenn etwa ganze Kraftwerkanlagen kaskadierend ausfallen, dann haben wir ein neues, interessantes Phänomen für die IT-Sicherheit. Die einzelnen Kraftwerke hatten einzeln und isoliert arbeitend sehr gut funktionierende Sicherheitsvorkehrungen. Jedes einzelne Kraftwerk hat ein Problem erkannt, lokal reagiert und richtig reagiert. Aus lokaler Sicht wurde das Problem richtig behandelt. Das globale Zusammenspiel verursachte allerdings kaskadierende und sich verstärkende Effekte. Und dort stehen wir auch heute noch, dass wir viele gute lokale Lösungen haben, die in sich gut funktionieren. Aber da vieles global wirkt, haben wir die Abhängigkeiten noch nicht im Griff. Hier benötigen wir bessere Modelle und bessere Simulationen. Wir haben für viele lokale Themen und Problemstellungen gute technologische Lösungen, aber wir beherrschen das globale Zusammenspiel noch nicht. Da müssen wir noch einiges tun.

Radu Popescu-Zeletin

Ich glaube, dass das Internet allgemein als Infrastruktur eine Mission Critical Infrastructure wird. Und bei Mission Critical Infrastructures – ob das nun Elektrizitätswerke oder Internet oder Finanzsysteme sind – haben uns die letzten paar Jahre gelehrt, dass es ohne Governance unmöglich ist Katastrophenfälle zu vermeiden. Wenn sich komplexe Strukturen entwickeln, sind sie ohne Governance-Systeme kaum beherrschbar. Ich glaube, wir werden im Internet die gleiche Krise wie in der Finanzwelt erleben. Wer hätte gedacht, dass so etwas passieren wird? Genau so etwas wird in unseren Szenarien irgendwann passieren. Dann werden wir zwar daraus lernen und Schutzmechanismen einführen, aber das Internet wird zu einem Mission Critical System. Nur das alte Dogma „End-to-End" wird diese Entwicklung wahrscheinlich aufhalten können.

Sahin Albayrak

Ich will das, was Frau Prof. Eckert eben gesagt hat, noch einmal unterstreichen. Wir müssen darüber nachdenken, wie wir eine neue Generation von IKT-Systemen schaffen, bei der wir sowohl die vertikalen Abhängigkeiten als auch die horizontalen Abhängigkeiten beherrschen können. Sie hat mit ihrem Beispiel gezeigt, dass die Energiewirtschaft für sich betrachtet eine kritische Infrastruktur hat, aber die darin eingebetteten Informations- und Kommunikationssysteme ebenfalls kritisch sind. Wir müssen neue Systemarchitekturen schaffen und diese vertikalen und horizontalen Abhängigkeiten mit ins Kalkül nehmen. Darüber hinaus müssen wir überlegen, wie wir solche Systeme sicherer machen. Wir können zum Beispiel die Verfügbarkeit solcher Systeme erhöhen. Dabei sollten wir uns auch mehr mit internationalen Ansätzen befassen. Wir benötigen vor allem Entwicklungsumgebungen, die uns erlauben, dass wir solche Systeme auch simulieren und Erfahrungen sammeln können.

Udo Bub

Bei zunehmender Vernetzung ist es sicherlich wichtig, dass das Verhalten der Komponenten untereinander verstanden wird. Noch eine weitere Frage?

Teilnehmer H

Wir haben mehrere Statements gehört, in denen der ePA als eine Ausprägung der eID dargestellt wurde. Ich glaube, es ist vermessen, anzunehmen, dass man heute bereits für den ePA als eID einen Business Case rechnen kann. Den wird es erst einmal nicht geben, weil eine ganze Reihe von Unwägbarkeiten zu erkennen sind. Ich stimme aber Herrn Kowalski zu, dass die erfolgreiche Einführung davon abhängt, wie attraktiv der ePA ist. Attraktivität bedeutet zumindest für mich, dass es neben den hoheitlichen Aufgaben – dazu gehören bestimmt auch ELSTER etc. – weitere Nutzungsmöglichkeiten geben muss, wie wir sie in Baden-Württemberg derzeit pilotieren. Dazu gehört auch die Akzeptanz bei den Betreibern der Internetportale wie Ebay oder andere. Für mich gehören auch Anwendungen wie ein Altersverifikationssystem oder auch ticketloses Fliegen dazu. Die Airlines konzipieren und testen schon seit einiger Zeit, wie man papierlose Tickets gestalten kann. Ich glaube es liegt an uns, uns stärker und gemeinsam von beiden Seiten – von der öffentlichen wie von der privatwirtschaftlichen Seite – für die Nutzung und Verbreitung der eID mit den entsprechenden Anwendungen zu engagieren, damit das Ganze eine Success Story wird. Die Aussage von heute Morgen ist durchaus richtig, dass nicht jeder gezwungen ist, seinen Personalausweis erst dann zu tauschen oder zu ersetzen, wenn das Ablaufdatum erreicht ist. Wenn vorher genug Attraktivität besteht, den neuen ePA zu beantragen, wird dies von vielen auch früher gemacht werden. Und wenn ich dann in die Zukunft schaue, gibt es immer noch das Thema, das heute bisher verschwiegen worden ist, nämlich das wir in unserer Technologie einen Exportschlager sehen, den wir auch in andere Länder transferieren und verkaufen wollen. Gerade im europäischen STORK-Projekt sehen wir, dass einige Länder schon recht weit sind, aber es auch eine ganze Reihe europäischer Mitgliedstaaten gibt, die noch auf der grünen Wiese stehen und abwarten und schauen, was rechts und links passiert und welche Architekturen und Technologien zum Einsatz kommen. Da sind andere Länder bereits heute am Akquirieren. Und da sollten und müssen wir uns aktiv beteiligen.

Udo Bub

Vielen Dank, für den Beitrag. Zum Abschluss noch eine Frage?

Teilnehmer E

Ja, zum Thema ePA und eID. Wir hatten heute Morgen das Stichwort Seamless Security. Also dass Sicherheit für den Benutzer möglichst einfach oder möglichst unsichtbar sein muss. Hat man sich bei der Anwendung der eID schon einmal Gedanken über Usability-Aspekte gemacht? Wie kann man einem Benutzer möglichst intuitiv vermitteln, welche Daten er heraus gibt und welche nicht? Man kann ein Fenster hochpoppen lassen, wo man anklicken muss: Ich möchte meinen Namen, mein Geburtsdatum, meine Adresse usw. übertragen oder ich wähle eine

Auswahl ab. Das sind ja auch Fragen zur Akzeptanz. Wenn diese Meldung ständig kommt, dann nervt das die User. Man sollte das auf der Clientseite so in die Anwendung integrieren, dass es intuitiv bedienbar ist. Gibt es da Ansätze zur Usability von eID?

Bernd Kowalski

Das wird ein wesentlicher Aspekt bei den Piloterprobungen sein, die Reaktion des Benutzers in Bezug auf Nutzerfreundlichkeit und wie wir diese auch entsprechend aufgreifen. Genau so, wie Sie heute schon einige Einblendungen im Internet kennen: Sicherheitshinweise werden eingeblendet oder ein Feature wird jetzt nicht angezeigt, was möglicherweise eine Sicherheitsgefährdung darstellt. Es gibt ja zwei Fälle. Zum einen, wenn man sich zum ersten Mal bei einem Anbieter registriert. Da gibt es den Fall, dass man mitteilen muss, ob diese Daten wirklich angezeigt werden sollen. Das sind eben Daten, die der Dienstanbieter zur Ausübung dieser Dienstleistungsfunktion von Ihnen fordert. Dann sagt man „ja" oder „nein." Da gibt es vorgefertigte Profile, so stellen wir uns das im Augenblick vor. Wenn der Nutzer dann später wieder den Zugang zum Anbieter herstellen möchte, dann passiert das praktisch automatisch über diese anbieterspezifischen Kennzeichen. Zum anderen gibt es natürlich Webseiten, die man nur einmal für bestimmte Zwecke besucht und dort muss man dieses Feature, also die Anzeige der Identitätsdaten, eben immer wieder bedienen. Die sechsstellige PIN ist aus Sicherheitsgründen notwendig. Das Problem hat man auch bei anderen Anwendungen.

Udo Bub

Wir müssen die Diskussion jetzt leider beenden. Vielen Dank für die vielen interessanten Beiträge und Fragen.

13 Resümee

Udo Bub, Klaus-Dieter Wolfenstetter

Klaus-Dieter Wolfenstetter

Liebe Gäste, ich bedanke mich, dass Sie da waren und freue mich, dass sie so aktiv mitgemacht haben. Für mich war diese Konferenz durch die vielen kompetenten und hochrangigen Redner, die uns über brisante Sicherheitsthemen informierten, ein absolutes Highlight. Die Berichte aus der Automotive-Industrie zeigten die Anwender- und Anbieterseite und welch kritische Rolle die Absicherung von Sicherheitsfunktionen im Automobil spielt. Die Bedeutung der Sicherung von Safety-Funktionen zeigte sich für mich auch sehr deutlich in der Diskussion der eID-Funktion des elektronischen Personalausweises.

Heute Morgen habe ich etwas plakativ gesagt: Was alle angeht – und das Thema Sicherheit geht alle an –, das können nur alle gemeinsam lösen. Das ist erst einmal schnell gesagt, aber es ist etwas dran. Wir sind als Experten gefordert, Sicherheitsfunktionen zu entwickeln und zu beurteilen. Dazu brauchen wir Round Table und Foren wie diese Konferenz. Wir planen bereits einen Tagungsband und mögliche Folgeveranstaltungen. Von meiner Seite nochmals herzlichen Dank!

Udo Bub

Liebe Gäste, was wir heute gehört haben, ist sehr spannend. Trends wie Web 2.0, Web X.0, das mobile Internet, Pervasive Computing und Ambient Assisted Computing in Autos und im Alltag werden uns fordern, denn die Sicherheitslöcher werden nicht kleiner. Wir haben viele Lösungsvorschläge gesehen und proaktiv wichtige Inspirationen bekommen. Wir müssen aber weiter im Dialog bleiben. Die Forschung muss weiter machen und Trends bestimmen, nicht nur beim Stopfen der Sicherheitslöcher, sondern durch neue Sicherheitslösungen, die Umsätze und Produkte generieren. Der Staat ist als Förderer ebenso gefragt wie die Wirtschaft. Und es gilt neue Gesetzesnovellen zu erarbeiten und diese auch einzuhalten.

Ich möchte mich für Ihre rege Teilnahme bedanken. Ein herzlicher Dank geht auch an die Referenten, die als Experten hier teilgenommen haben. Ich hoffe, Sie nehmen so viele neue Aspekte und Impulse mit wie wir. Durch die Post-Proceedings und neue gemeinsame Projekte, die sich in unserer Diskussion bereits herauskristallisierten, werden wir sicher in Kontakt bleiben.

Nochmals vielen Dank.

Referenten und Moderatoren

Prof. Dr. Sahin Albayrak studierte Informatik an der Technischen Universität Berlin und promovierte dort auch. 1992 gründete er das Laboratory for Distributed Artificial Intelligence (DAI-Labor), dessen Leiter er bis heute ist. Seit 2003 ist Prof. Albayrak Inhaber des Lehrstuhls für Agententechnologien in betrieblichen Anwendungen und der Telekommunikation. Des Weiteren ist Prof. Albayrak Mit-Initiator der Deutschen Telekom Laboratories als akademisches An-Institut und seit deren Gründung Mitglied des Steering Boards.

Dr. Udo Bub studierte und promovierte im Fach Elektrotechnik und Informationstechnik an der Technischen Universität München. Während dieser Zeit hatte er langfristige Forschungsaufenthalte an der School of Computer Science der Carnegie Mellon University in Pittsburgh, PA, USA und im Bereich Corporate Technology der Siemens AG in München. Daraufhin war er sechs Jahre als Management- und Technologieberater auf dem IKT-Markt tätig. Seit Gründung der Deutsche Telekom Laboratories in 2004 ist er dort Mitglied des Leitungsteams und als Bereichsleiter zuständig für F&E zu Mensch-Computer-Interaktion, IKT-Architektur, IKT-Infrastruktur und IKT-Sicherheit. 2007 übernahm er zusätzlich die Position des Geschäftsführers beim European Center for Information and Communication Technologies – EICT GmbH. Udo Bub ist seit 2004 Lehrbeauftragter der Technischen Universität Berlin für ICT Systems Engineering.

Dr. Volkmar Dietz studierte Physik. Seit 1997 ist er beim Bundesministerium für Bildung und Forschung tätig. Dort leitet er seit 2005 das Referat 525 – Kommunikationstechnologien.

Dr. Alexander Dix ist seit 2005 Berliner Beauftragter für Datenschutz und Informationsfreiheit. Zugleich ist er Vertreter der deutschen Aufsichtsbehörde für den Datenschutz in der EU-Gruppe und nach Artikel 29 der Datenschutzrichtlinie. Dr. Dix leitet darüber hinaus die internationale Arbeitsgruppe zum Datenschutz in der Telekommunikation, die so genannte Berlin Group.

Prof. Dr. Claudia Eckert ist seit 2001 Leiterin des Fraunhofer-Instituts für Sichere Informationstechnologie SIT in Darmstadt. Mit derzeit über 130 Mitarbeiterinnen und Mitarbeitern führt das SIT anwendungsnahe Forschungsprojekte auf allen Gebieten der IT-Sicherheit durch. Als Professorin an der Technischen Universität

Darmstadt – ab Dezember übernimmt sie einen Lehrstuhl an der Technischen Universität München – leitet sie gleichzeitig den Lehrstuhl für Sicherheit in der Informationstechnik. Seit August 2008 koordiniert und leitet Prof. Eckert das Center for Advanced Security Research Darmstadt (CASED), welches die Sicherheitskompetenz der TU Darmstadt und des Fraunhofer SIT bündelt und ausbaut. Als Mitglied verschiedener nationaler und internationaler Beiräte und wissenschaftlicher Gremien berät sie Unternehmen, Wirtschaftsverbände sowie die öffentliche Hand in allen Fragen der IT-Sicherheit.

Dr. Walter Franz studierte Elektrotechnik an der Universität Stuttgart und promovierte dort auch im Bereich Kommunikationstechnik. Nach seinem Studium bearbeitete Dr. Franz in der Forschung der jetzigen Daimler AG die Themen Funknetze, Internet und Fahrzeug-Fahrzeug-Kommunikation. Seit 2006 ist Dr. Franz in der Telematik-Vorentwicklung als Teamleiter für die Themen Telematik, Vernetzung und IT-Security verantwortlich.

Prof. Dr. Stefan Jähnichen ist Mitglied des Aufsichtsrats der EICT GmbH. Er ist seit 1998 Leiter des Fraunhofer-Instituts für Rechnerarchitektur und Softwaretechnik FIRST und leitet zudem die Forschungsgruppe Softwaretechnik an der Technischen Universität Berlin. Außerdem ist Prof. Jähnichen seit 2008 Präsident der Gesellschaft für Informatik.

Bernd Kowalski hat an der Rheinisch-Westfälischen Technischen Hochschule in Aachen Elektrotechnik und Nachrichtentechnik studiert und trat 1982 als Diplom-Ingenieur in den Dienst der Deutschen Bundespost ein. Dort arbeitete er an der Entwicklung und Normung von neuen Telekommunikationsdienstleistungen. Mit dem Übergang der DBP in die Deutsche Telekom AG übernahm er 1990 den Aufbau des Produktzentrums Telesec zur Bereitstellung neuer Dienstleistungen und Produkte im Bereich der IT-Sicherheit und führte diese Geschäftseinheit bis 2002. Im gleichen Jahr wechselte er zum Bundesamt für Sicherheit in der Informationstechnik und leitet seitdem die Abteilung 3, mit den Aufgabenbereichen Zertifizierung, Zulassung, Konformitätsprüfungen und Neutechnologien.

Thomas Löer ist Druckingenieur. Er ist seit über 10 Jahren in der Bundesdruckerei tätig und Vater vieler Sicherheitsdokumente: nämlich des alten Reisepasses und des alten Personalausweises. Außerdem hat er die Entwicklung des elektronischen und des biometrischen Reisepasses maßgeblich vorangetrieben. Thomas Löer hat die Kartenentwicklung in der Bundesdruckerei geleitet und ist derzeitig Leiter des Marketing und im Team des geplanten elektronischen Personalausweises.

Dr. Jan Pelzl beschäftigt sich seit 1994 mit der Sicherheit moderner IT-Systeme. 1997 erhielt er den Facharbeiterbrief als Kommunikationselektroniker bei der Firma Bosch-Telekom. Seit 1999 arbeitet Dr. Pelzl auf dem Gebiet der eingebetteten IT-Sicherheit. Er führte erfolgreich viele nationale und internationale Projekte im Bereich der Datensicherheit und angewandten Kryptografie durch und veröffentlichte zahlreiche Publikationen zu diesem Thema auf renommierten internationalen Konferenzen und in Zeitschriften. Seit September 2007 ist Dr. Pelzl Geschäftsführer der Escrypt GmbH in Bochum.

Prof. Dr. Radu Popescu-Zeletin graduierte am Polytechnischen Institut in Bukarest, Rumänien, promovierte an der Universität Bremen und habilitierte an der Technischen Universität Berlin. Prof. Popescu-Zeletin ist Inhaber des Lehrstuhls für Offene Kommunikationssysteme an der Technischen Universität Berlin und leitet seit seiner Gründung das Fraunhofer-Institut für Offene Kommunikationssysteme FOKUS.

Prof. Dr. Joachim Posegga trat 1995 in das Technologiezentrum der Deutschen Telekom ein. Er wechselte 2000 zu SAP, wo er die Sicherheitsforschung in Karlsruhe und Sofia leitete. 2004 ging er an die Universität Hamburg. Dort hatte er einen Lehrstuhl für IT-Sicherheit inne. Sein weiterer Weg führte ihn dann 2008 an die Universität Passau zum neuen Lehrstuhl für IT-Sicherheit.

Dr. Friedrich Tönsing studierte Mathematik an der Technischen Universität Braunschweig und promovierte dort auch. Nach einer vierjährigen Assistenztätigkeit an der TU Braunschweig wechselte er zu T-Mobile und anschließend in das damalige Technologiezentrum der Deutschen Telekom. Dort arbeitete er an der Entwicklung von Sicherheitslösungen und Produkten, insbesondere im Mobilfunk. Dr. Tönsing ist Bereichsleiter bei der T-Systems Enterprise Services GmbH und verantwortet dort die Gebiete Smart Cards, T-Cross-Betriebssystem, Security Engineering und Sicherheitsprodukte und -lösungen.

Klaus-Dieter Wolfenstetter, Diplom-Mathematiker, leitet bei den Deutsche Telekom Laboratories die Aktivitäten zu Applikationssicherheit. Im Laufe seiner langjährigen Tätigkeit für die Deutsche Telekom AG gestaltete er unter anderem die Definition und Spezifikation der Sicherheitsmerkale des digitalen Mobilfunksystems GSM, sowie die Standardisierung des "Authentication Framewlord X.509" mit. Er ist Autor und Herausgeber von Büchern zu Kryptografie und Sicherheitsmanagement und Lehrbeauftrager an der Universität Gießen. Gegenwärtig engagiert er sich stark in der Entwicklung und Förderung von Citizen Cards, insbesondere beim elektronischen Personalausweis. Hier vertritt er als Leiter des BITKOM-Fachausschusses Identitäten- und Rollenmanagement die Interessen der Industrie.

IT–Sicherheit und Datenschutz

Heinrich Kersten | Gerhard Klett
Der IT Security Manager
Expertenwissen für jeden IT Security Manager - Von namhaften Autoren
praxisnah vermittelt
2., akt. und erw. Aufl. 2008. XII, 252 S. mit 21 Abb. (Edition <kes>)
Br. EUR 49,90   ISBN 978-3-8348-0429-7

Klaus-Rainer Müller
IT-Sicherheit mit System
Sicherheitspyramide - Sicherheits-, Kontinuitäts- und Risikomanagement -
Normen und Practices - SOA und Softwareentwicklung
3., erw. u. akt. Aufl. 2008. XXVI, 506 S. mit 38 Abb. mit Online-Service
Geb. EUR 74,90   ISBN 978-3-8348-00368-9

Norbert Pohlmann | Helmut Reimer (Hrsg.)
Trusted Computing
Ein Weg zu neuen IT-Sicherheitsarchitekturen
2008. VIII, 252 S. mit 49 Abb. Br. EUR 34,90   ISBN 978-3-8348-0309-2

Horst Speichert
Praxis des IT-Rechts
Praktische Rechtsfragen der IT-Sicherheit und Internetnutzung
2., akt. und erw. Aufl. 2007. XVIII, 368 S., mit 12 Abb. mit Online-Service
(Edition <kes>) Br. EUR 49,90   ISBN 978-3-8348-0112-8

**VIEWEG+
TEUBNER**

Abraham-Lincoln-Straße 46
65189 Wiesbaden
Fax 0611.7878-400
www.viewegteubner.de

Stand Januar 2009.
Änderungen vorbehalten.
Erhältlich im Buchhandel oder im Verlag.

IT-Management und -Anwendungen

Paul M. Diffenderfer | Samir El-Assal

Profikurs Microsoft Dynamics NAV

Einführung – Souveräne Anwendung – Optimierter Einsatz im Unternehmen
3., überarb. Aufl. 2008. XII, 317 Seiten mit 190 Abb.
Br. EUR 44,90   ISBN 978-3-8348-0529-4

Ralf-T. Grünendahl | Andreas F. Steinbacher | Peter H.L. Will

Das IT-Gesetz: Compliance in der IT-Sicherheit

Leitfaden für ein Regelwerk zur IT-Sicherheit im Unternehmen
2009. VIII, 385 S. Br. EUR 49,90   ISBN 978-3-8348-0598-0

Patrick Theobald

Profikurs ABAP®

Konkrete, praxisorientierte Lösungen – Tipps, Tricks und jede Menge
Erfahrung
2., erw. Aufl. 2007. XII, 316 S. mit 196 Abb. und Online-Service
Br. EUR 49,90   ISBN 978-3-8348-0143-2

Petra Thiemann

Benutzerfreundliche Online-Hilfen

Grundlagen und Umsetzung mit MadCap Flare
2008. XIII, 199 S. mit 45 Abb.
Br. EUR 34,90   ISBN 978-3-8348-0424-2

**VIEWEG+
TEUBNER**
Abraham-Lincoln-Straße 46
65189 Wiesbaden
Fax 0611.7878-400
www.viewegteubner.de

Stand Januar 2009.
Änderungen vorbehalten.
Erhältlich im Buchhandel oder im Verlag.

IT-Management und -Anwendungen

Ralf Buchsein | Frank Victor | Holger Günther | Volker Machmeier
IT-Management mit ITIL® V3
Strategien, Kennzahlen, Umsetzung
2., akt. und erw. Aufl. 2008. XII, 371 S. mit 93 Abb. und Online-Service Br.
(Edition CIO) EUR 39,90
ISBN 978-3-8348-0526-3

Gernot Dern
Management von IT-Architekturen
Leitlinien für die Ausrichtung, Planung und Gestaltung von Informationssystemen
3., durchges. Aufl. 2009. XVI, 343 S. mit 151 Abb. Br. ca. EUR 49,90
ISBN 978-3-8348-0718-2

Knut Hildebrand | Marcus Gebauer | Holger Hinrichs | Michael Mielke (Hrsg.)
Daten- und Informationsqualität
Auf dem Weg zur Information Excellence
2008. X, 415 S. mit 108 Abb.
Br. EUR 39,90
ISBN 978-3-8348-0321-4

Helmut Schiefer | Erik Schitterer
Prozesse optimieren mit ITIL®
Abläufe mittels Prozesslandkarte gestalten - Compliance erreichen und Best
Practices nutzen mit ISO 20000, BS 15000 & ISO 9000
2., überarb. Aufl. 2008. VIII, 283 S. mit 80 Abb. und Online-Service
Br. EUR 49,90
ISBN 978-3-8348-0503-4

VIEWEG+ TEUBNER
Abraham-Lincoln-Straße 46
65189 Wiesbaden
Fax 0611.7878-400
www.viewegteubner.de

Stand Januar 2009.
Änderungen vorbehalten.
Erhältlich im Buchhandel oder im Verlag.

Printed in the United States
By Bookmasters